영국 인테리어의 역사

British Interior House Styles

트레버 요크 지음　**김효진** 옮김

AK TRIVIA BOOK

CONTENTS

서 문

지난 시대의 주택 인테리어를 보면, 마지막으로 개조되었을 당시의 양식뿐 아니라 그 이상의 것을 읽어낼 수 있다. 목조 양식(timber frame)으로 지어진 주택 홀에 사용된 장식이 풍부한 오크재 패널(P.7)이나 조지 왕조 시대 응접실의 우미하고 섬세한 회반죽 세공, 농후한 색채로 표현된 풍요로운 빅토리아 시대 테라스하우스의 방, 각각의 가구와 집기들은 과거 그곳에 살던 사람들의 성격과 욕망 그리고 취향을 읽어내는 열쇠가 된다. 방의 형태와 건물 내에서의 그 방의 위치 그리고 더욱 세밀한 부분의 형태는 집 안의 공간이 언제 만들어지고 어떻게 발전해왔는지를 밝혀주는 단서가 된다. 주택의 외관을 완전히 바꾸려면 엄청난 비용이 들기 때문에 대규모 개축(改築) 기회는 한정된 반면, 내부 설비와 장식을 바꾸는 것은 흔한 일이었다. 실내 장식을 바꾸거나 당시에 유행한 가구를 새로 들여놓기도 하고, 때로는 낡은 것과 새것을 섞은 양식을 만들어내거나 전 시대의 양식을 완전히 뒤엎기도 했다.

양식의 폭이 굉장히 넓은 데다 집주인들은 저마다 다양한 아이디어를 도입했다. 하지만 그 심부에는 기본적인 형태, 소재, 유행 면에서 몇 가지 공통되는 변화가 숨겨져 있다. 그런 부분에 눈을 돌리면 초심자라도 그 방이나 일부 가구 및 집기들이 어느 시대의 것인지 알아낼 수 있을 것이다. 사용된 목재의 유형이나 코니스(그림 0.1)의 단면 모양 혹은 벽지의 색상으로 그것이 처음 장식된 시대를 유추할 수 있을지 모른다. 아주 작은 디테일도 지난 시대의 오리지널과 대량 생산된 모조품 그리고 나중에 추가된 가구나 집기를 구별하는 데 도움이 된다. 우리 선조들은 특히 19세기에 이런 수법을 꽤 열심히 이용했다. 예컨대 벽에 붙였던 오래된 오크재 패널을 떼어내 새집에 사용하는 일이 종종 있었으나 원래의 세밀한 구조에까지 주의를 기울이는 일은 드물었다. 오리지널 패널은 청소가 용이하도록 반드시 아래쪽 가장자리를 비스듬히 잘라내 다듬었는데, 이후 시대에는 원래 장소에서 이동된 경우 옆이나 위쪽 가장자리까지 다들어져 있는 경우가 있다. 이 책에서는 이처럼 전체적인 소재와 세세한 특징에 집중함으로써 독자 여러분이 인기를 끈 양식과 그 양식이 즐겨 사용된 시대를 이해하는데 도움을 주고자 한다.

200점 이상의 컬러 및 흑백 삽화를 통해 개인 주택의 인테리어가 변천하는 모습을 해설하고, 과거 500년 이상에 이르는 시대의 대표적인 가구와 집기를 소개한다. 각각의 장에서 몇몇 시대를 연속해서 다루었다. 모든 것을 갖춘 방 내부의 가구며 조명 같은 세부적인 요소들까지 그렸으며, 저마다 설명문을 곁들여 구체적인 정보와 주목해야 할 추가적인 힌트를 강조했다. 역사적 건축물을 방문하기 전에 간단한 배경 정보를 얻고 싶다거나 자신이 소유한 주택에 대해 더 깊이 알고 싶은 사람, 혹은 지난 시대의 인테리어를 재현하거나 복원하려는 사람도 이 책의 해설을 쉽게 이해할 수 있을 것이다.

500년의 세월을 단숨에 거슬러 올라가기 전에 주의해야 할 것이 있다. 이 긴 역사를 책 한 권에 오롯이 담아내기에는 한계가 있다는 점이다. 간략화하기 위해 각 장에서 다루는 시대 범위의 연호 끝자리는 절상했다. 다시 말해, 왕의 재위나 양식이 바뀐 정확한 연도를 표시한 것이 아니다. 삽화는 한 가지 양식이 지닌 여러 중요한 사항을 종합적으로 담아내고자 했기 때문에 결과적으로 실제 방을 바탕으로 그린 삽화보다는 과거의 인테리어가 어떤 모습이었는지를 추측해 그린 것이 다수를 차지한다. 옛 시대에 관해 알고 있는 대부분은 도안집이나 일러스트 또는 책을 통해 얻은 정보이며, 실제 당시의 모습 그대로 발견된 방이 드물기 때문에 이 책에서 다룬 인테리어 디자인이나 색상은 정확히 당시 사용된 배색이라기보다는 추측을 바탕으로 나타낸 것이다.

또 한 가지, 이 책을 읽으며 혹은 수백 년의 역사가 있는 주택을 견학할 때 기억해두어야 할 중요한 점이 있다. 대개의 경우 당신이 보고 있는 그 집은 지역사회 내에서의 몇몇 부자, 20세기 전반에도 전체 인구의 4분의 1에도 못 미치는 소수파들의 소유였다는 것이다. 오늘날 우리가 비좁은 테라스하우스라거나 튜더 왕조풍의 목조 양식 코티지라고 생각하며 보는 것은 지어질 당시에는 훌륭한 주택으로 성공한 상인이나 자유농민(yeoman)의 주거 공간이었다. 산업혁명 이전에 대다수 노동인구가 거주했던 단층 주택은 거의 남아 있지 않으며, 빅토리아 시대의 노동자 계층이 거주했던 허술한 테라스하우스는 20세기 들어 재개발로 대부분 모습을 감추었다. 이런 집의 내부 장식은 지극히 간소하고 몇 안 되는 개인 집기가 전부였을 것이다. 19세기 말에 대량 생산품과 저렴한 소재가 널리 유통되자 비로소 노동자들도 자신의 집 인테리어에 관심을 갖게 된 것이다.

일찍이 유행을 탄생시킨 것은 지주계급(gentry) 사람들이었다. 그 아래 계급인 전문직과 상인 그리고 농장주들이 최신 유행을 모방하면서 수년 후에는 도시부를 거쳐 수십 년에 걸쳐 더 멀리 떨어진 지역으로까지 전파되었다. 이 책은 여러분이 방문하거나 소유할 수 있는 건물에 초점을 맞추었기 때문에 소개된 인테리어 중 가장 오래된 시기의 것은 부자들의 주택이다. 18세기 후반부터는 중류계급인 전문직들의 주택도 포함하고 있다. 전 인구 중 다수를 점하는 일반 서민들의 주택을 예로 해설하는 것은 빅토리아 시대 후기 이후이다.

트레버 요크

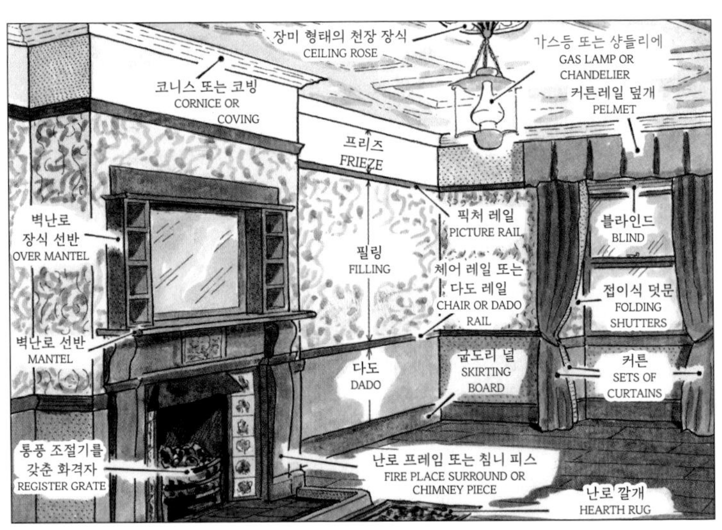

〈그림 0.1〉 거실. 인테리어의 중요한 요소를 종합적으로 나타냈다.

제 1 장

튜더 양식과 자코비안 양식
Tudor and Jacobean Styles

1500~1660

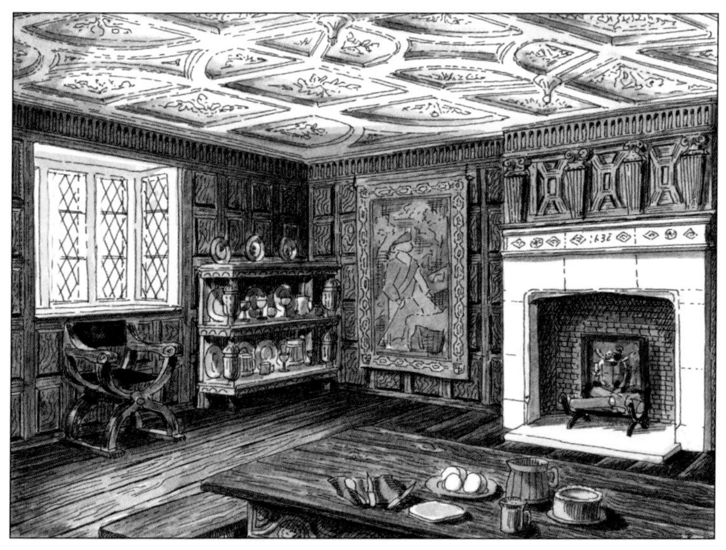

〈그림 1.1〉 엘리자베스 왕조 시대의 인테리어. 호화로운 도시 주택으로 오크재 패널을 붙여 장식한 벽, 공들인 난로, 화려한 회반죽 세공 천장이 집주인의 부를 표현한다. 가구는 많지 않지만 벽에 걸린 선명한 문양의 직물과 그 채색이 최상층 방 곳곳에 풍성한 색채를 더해준다.

영국 인테리어의 역사를 돌아보는 우리의 시간 여행은 500년 남짓한 과거, 헨리 8세가 왕위에 올랐을 무렵부터 시작된다. 이때부터 1세기 반가량 1660년 공화국 시대가 막을 내리기까지 실내 환경이 바뀌기 시작했다. 이전에는 하나의 공유 공간을 기본으로 그 주변에 사람들의 생활공간을 배치하던 구조에서 집주인들의 개인용 방을 갖춘 구조로 바뀌고 가사 사용인들의 공간을 분리했다. 이 중요한 변화는 일찍이 지주계급층에서 시작되었지만 하위 계급에서는 이 시대 말까지도 여전히 진행 중인 단계였다. 중대한 포인트는 난로가 등장했다는 것, 그리고 벽 안에 굴뚝을 설치하게 되었다는 것이다. 이전 시대까지 방 안에 있던 난로(hearth)가 벽으로 이동했다. 이런 변화에 따라 과거에는 천장까지 뻥 뚫려 있던 홀 상부에 층을 하나 더 만들 수 있게 되었다. 대저택의 경우 이런 층을 '그레이트 체임버(great chamber)'라고 부르며 주인 일가가 식사를 하거나 손님을 맞이하는 데 이용했다. 한편 이전까지 주인이나 손님과 함께 식사를 하던 사용인들은 아래층의 오래된 홀로 밀려났다. 상인과 자유농민들의 작은 주택에도 마찬가지로 2층집이 널리 보급되었는데, 이 경우 거실 겸 응접실(parlour, 주인 일가가 손님과 식사를 하는, 홀이나 그레이트 체임버보다 비공식적인 공간-역주) 위에 침실을 배치했다. 부유한 일부 지역, 예컨대 모직물 산업이 번성한 서퍽(Suffolk, 영국 잉글랜드 남동부에 있는 카운티-역주)에서는 이 시대 초기부터 2층 구조가 만들어졌지만, 다른 지방에까지 전파된 것은 1500년대 말 집주인들의 수입이 늘어난 영향으로 주택 '대개축 시대'가 시작된 이후였다.

초기 튜더 왕조 시대의 주택 인테리어는 중세 말기의 특징을 거의 그대로 계승하고 있었다. 방 전체의 형태는 신경 쓰지 않았으며, 양식이라고 할 만한 것은 태피스트리(tapestry) 같은 장식적 요소 정도였다. 당시의 지주들은 정기적으로 영지를 이동하는 생활을 반복했다. 이사할 때는 큰 궤(chest)에 소지품을 가득 채우고 창까지 떼어내 가지고 갔다. 당시에도 유리는 여전히 사치품이었으며, 창이 건물에 고정된 것은 1579년 이후의 일이었다. 하지만 이 시기 유럽에서 일어난 르네상스 운동(P.86)이 고딕 양식이 주류였던 영국이라는 섬나라에도 영향을 미치면서 주택 시장에서는 최고급 건물에 좌우대칭을 이룬 정면 구조를 도입하고 내부도 그에 맞춰 만들었다. 계단은 중세 시대에는 위층으로 올라가기 위한 사다리보다 조금 나은 정도의 수준이었다면, 튜더 왕조 시대에는 훨씬 훌륭한 존재가 되었다. 그럼에도 그 위치는 보통 탑 안이나 건물 측면이었다. 나무 들보가 그대로 드러나 있던 위층 바닥도 점차 덮이며 회반죽 등으로 무늬를 꾸민 천장으로 바뀌었다. 벽,

문, 가구에도 문양을 새겼으며, 그 디자인은 최신 유행인 고전 양식의 삽화를 모방했다. 주로 신교국 네덜란드가 모델이었다. 이전의 뾰족한 아치에서 원기둥, 주두, 페디먼트(pediment, 고전 양식의 원기둥 상부의 삼각형 장식-역주)로 바뀌었으며, 이런 장식적 요소는 그 후 300년간 계속 사용되었다. 당시의 석공과 목공은 고전 건축 양식의 규범을 모르는 상태로 이런 장식을 사용했기 때문에 완성도는 다소 떨어졌을 수 있다. 특히 엘리자베스 왕조 시대(1558~1603)에는 깊고 세밀한 목조 세공 장식이 대량 사용되었다.

그보다 규모가 작은 중류계급 주택에 이런 변화가 미치기까지는 시간이 더 걸렸다. 그들은 상류계급의 유행을 쫓으면서도 지역 장인들을 이용해 그 지역의 양식에 맞는 형태로 도입하는 일이 많았다. 농가 주택은 대부분 천장의 들보가 그대로 드러나 있었다. 벽은 가장 위층 방의 경우, 패널을 붙여 장식했다. 장식적인 풍경이나 문양 또는 문자를 그려 넣기도 했다. 바닥에는 먼지를 흡수하기 위해 골풀을 깔았다. 거실과 응접실에서는 난로가 중요한 위치를 차지했다. 이 시대 후기가 되자 굉장히 부유한 상인과 농장주의 주택에서는 천장에 석회를 바르고 더 넓은 범위에 패널을 붙였으며, 최신 유행하는 고전 양식의 목조 세공 가구를 들여놓았다. 여기서 한 가지 짚고 넘어가야 할 것은 튜더 왕조 시대와 자코비안(제임스 1세의 치세[1603~1625]를 의미하며, 그 전후의 예술

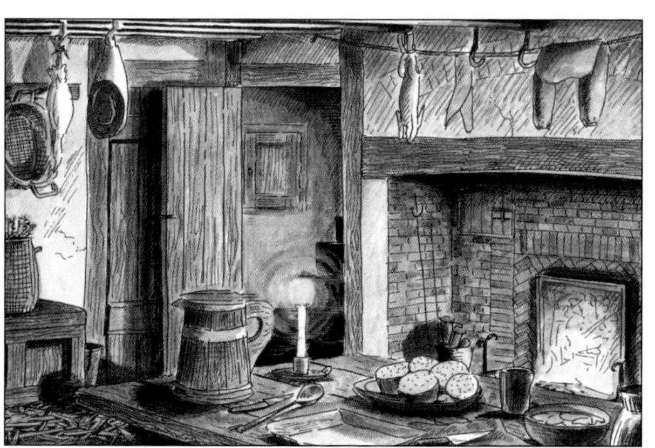

〈그림 1.2〉 16세기의 농가 주택. 당시 대부분의 사람들은 전원 지역에 거주했으며, 이 그림처럼 설비된 공간에서 생활했을 것이다. 움푹 들어간 난롯가(inglenook)와 난로, 흙을 다져서 굳힌 후 짚을 깐 바닥, 들보가 그대로 드러난 낮은 천장은 이 시대의 특징이다. 난로 왼쪽에는 벽을 파서 만든 찬장이 있고, 그 안에 향신료나 소금, 그 밖의 귀중한 것들을 저장했다.

과 건축 양식 전반을 가리킨다-역주) 시대의 주택이 현대적 관점에서 다소 검박해 보일 수 있지만, 당시에는 훨씬 색채가 풍부했다는 점이다. 흑백의 장식이 튜더·자코비안 시대의 특색으로 여겨지게 된 것은 빅토리아 시대 말기에 정착한 해석이다.

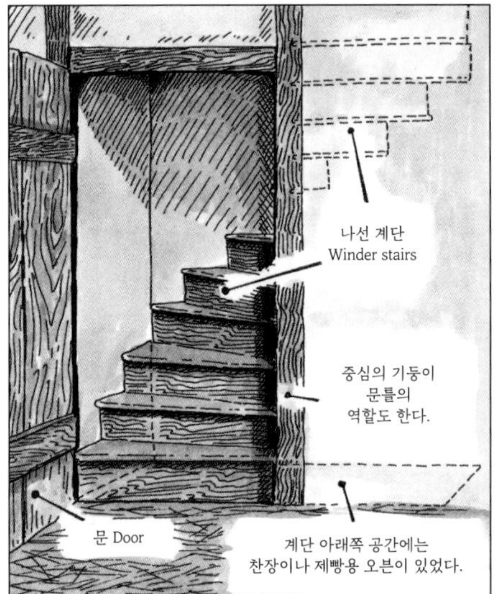

〈그림 1.3〉 나선 계단 : 부유한 사람들은 새집을 2층 혹은 그 이상으로 지었기 때문에 계단이 필요해졌다. 튜더 왕조 시대의 대다수 주택에는 위쪽 그림과 같은 단순한 형태의 나선 계단이 만들어졌다. 보통은 방 안쪽에 있는 난로 옆이나 건물 밖에 딸린 탑 안에 설치했다. 간소하고 실용성을 중시한 형태로, 장식은 거의 하지 않았다.

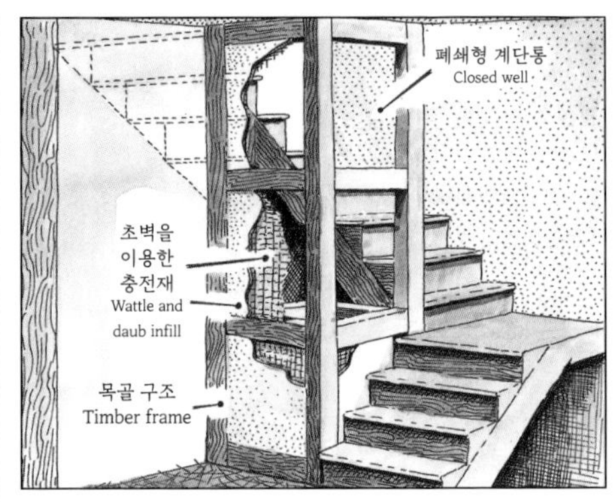

〈그림 1.4〉 폐쇄형 계단통을 갖춘 계단실 : 큰 주택은 계단으로 사용할 수 있는 공간에 여유가 있었기 때문에 층계로 둘러싼 계단통(well)을 만들고 이를 초벽(wattle and daub)으로 덮거나 목재 패널을 붙였다. 이런 계단실은 중앙의 남는 공간을 활용해 찬장을 만드는 경우도 종종 있었다.

〈그림 1.5〉 스플랫형 난간동자 : 17세기 초에 목조 세공한 난간동자가 보급되었다. 염가형으로 보급된 스플랫형 난간동자는 납작한 나무 널을 이용해 만들었다. 기둥 윗부분의 도토리처럼 생긴 상부 장식(finial)은 엘리자베스 시대 말기와 자코비안 시대에 인기를 모았다.

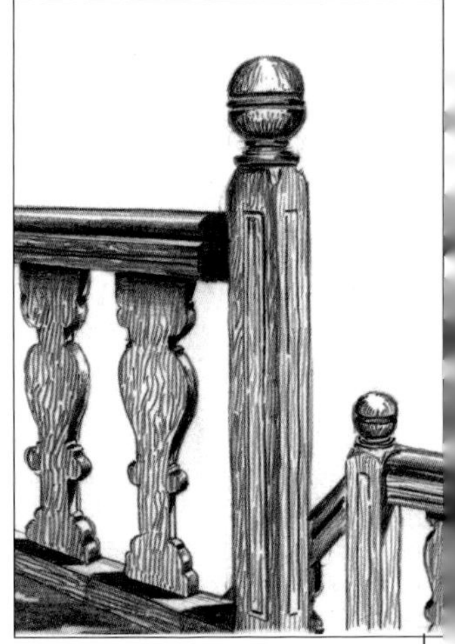

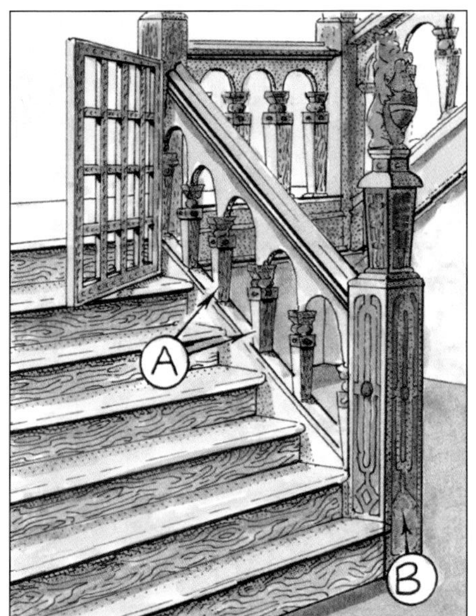

〈그림 1.6〉 개방형 계단실 : 엘리자베스 왕조 시대와 자코비안 시대 최상급 주택에서 볼 수 있었던 계단실. 목조 세공 난간동자(A), 엄지기둥(newel post, B)이 눈길을 끌도록 만들어졌다. 다만 여전히 주요 공간으로부터 벗어난 장소에 설치되었다. 계단 등의 목공 부분이나 가구는 이 그림과 같이 정교하게 세공된 부분에 밝은 색을 칠해 더욱 눈에 띄게 만들기도 했다.

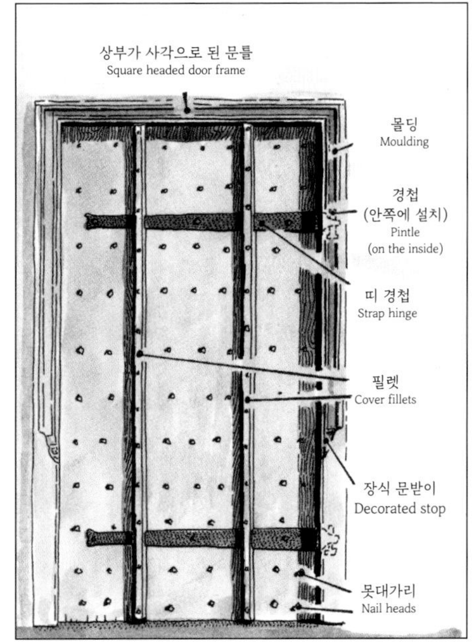

〈그림 1.7〉 문 : 이 시대에는 실내 또는 실외로 난 문 모두 너비가 제각각인 세로로 긴 두꺼운 나무 널 안쪽에 수평으로 목조 프레임을 고정해 만들었다. 문은 출입문 안쪽에 고정했으며, 문틀 안쪽에까지 끼워 넣는 방식은 아니었다. 최상급 주택의 문은 장식적인 철 세공과 필렛(fillet, 가늘고 길게 켠 각재-역주)을 사용했을지 모른다.

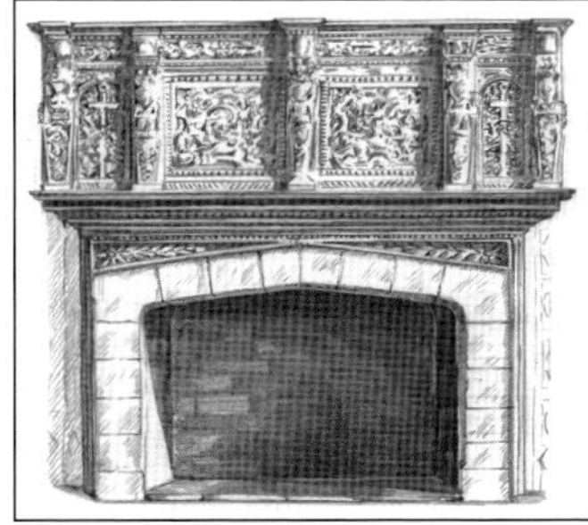

〈그림 1.8〉 난로 : 〈그림 1.2〉에서 볼 수 있듯 커다란 입구에 단순한 목재 상인방(lintel, 문 또는 창문 위에 수평으로 가로 댄 목재나 돌-역주)을 올린 것도 있고, 〈그림 1.1〉과 같이 끝이 뾰족하고 얇은 아치형 석조 프레임에 화려한 목조 또는 회반죽 세공을 한 선반 장식(over mantle)도 있었다. 연료는 주로 나무가 많고, 일부 도시에서는 석탄도 수입했다.

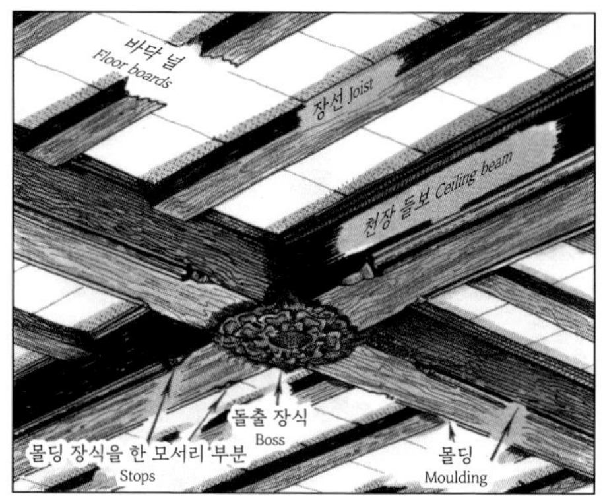

〈그림 1.9〉 천장 : 튜더 왕조 시대의 천장은 위층 바닥을 지지하는 장선(joist)과 들보(beam)가 그대로 드러나 있는 경우가 많았다. 목재의 모서리는 대부분 다듬어져 있었다. 이 들보나 장선이 오늘날까지도 다듬어지지 않은 직각의 형태를 띠고 있다면 애초에 덮어서 사용할 것을 상정했다는 것을 알 수 있다. 호화 주택의 경우 모서리에 몰딩(P.86)을 하고 돌출 장식(boss)을 곁들여 더욱 눈에 띄게 만들었다.

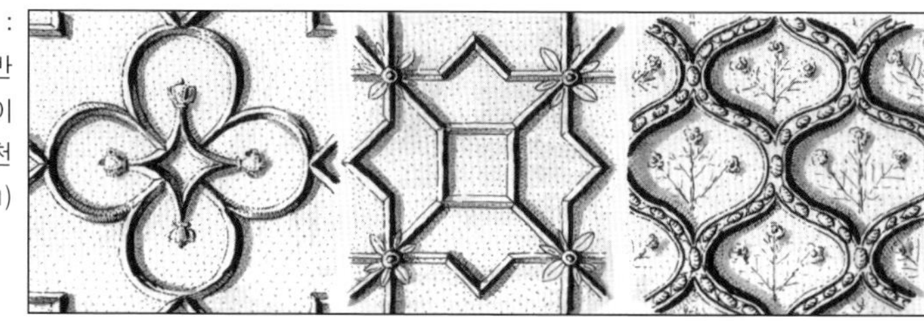

〈그림 1.10〉 회반죽 천장 : 16세기 말부터 천장에는 회반죽을 이용한 입체적인 도형이 그려지게 되었다. 최상층 방 천장에는 펜던트(pendant, 그림 1.1)를 달기도 했다.

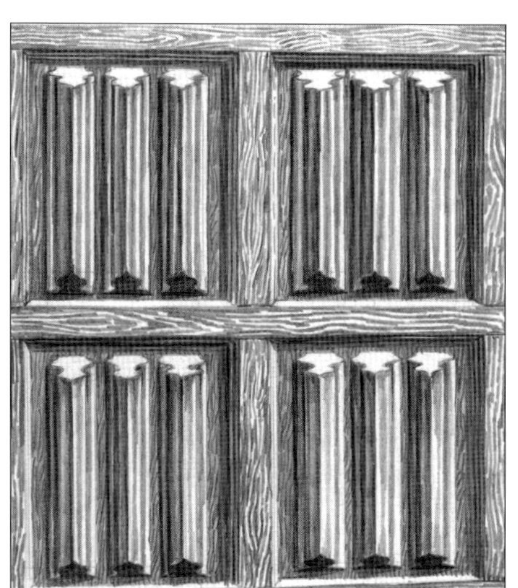

〈그림 1.11〉 리넨폴드(linenfold) **장식** : 초기 튜더 왕조 시기에 최상급 주택에서는 오크재 널빤지에 리넨의 주름을 잡은 것 같은 무늬를 넣는 것이 인기였다.

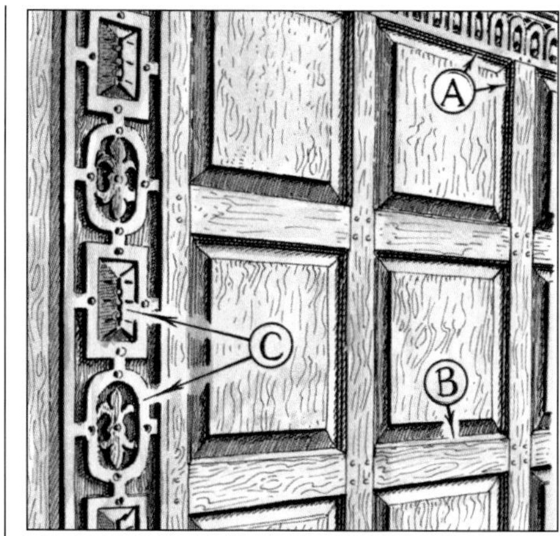

〈그림 1.12〉 사각형 패널 : 16세기 중반부터 장식이 없는 평평한 패널이 인기를 모았다. 패널 위쪽과 좌우 가장자리에 몰딩 장식을 했다(A). 아래쪽 가장자리를 직선으로 다듬었다(B). 띠 장식(strap work)이라고 불리는, 평면적인 도형을 조합한 무늬는 1580~1620년경의 특징이다(C).

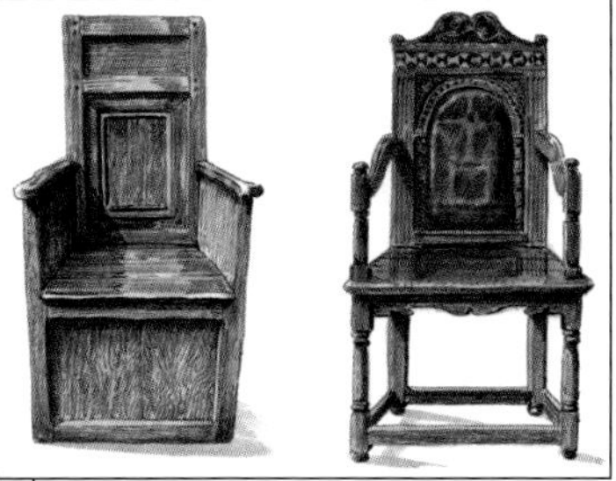

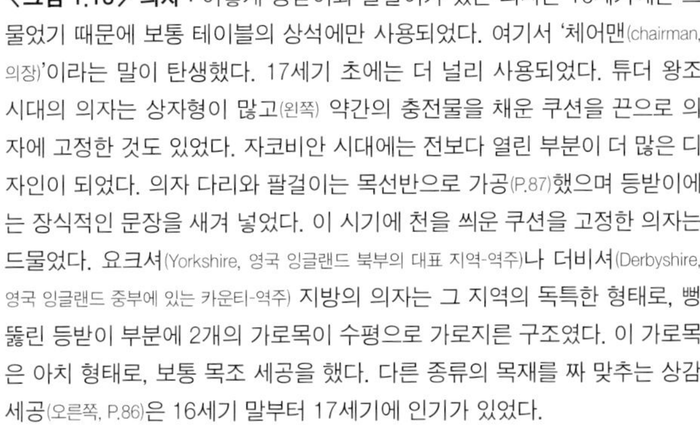

〈그림 1.13〉 의자 : 이렇게 등받이와 팔걸이가 있는 의자는 16세기에는 드물었기 때문에 보통 테이블의 상석에만 사용되었다. 여기서 '체어맨(chairman, 의장)'이라는 말이 탄생했다. 17세기 초에는 더 널리 사용되었다. 튜더 왕조 시대의 의자는 상자형이 많고(왼쪽) 약간의 충전물을 채운 쿠션을 끈으로 의자에 고정한 것도 있었다. 자코비안 시대에는 전보다 열린 부분이 더 많은 디자인이 되었다. 의자 다리와 팔걸이는 목선반으로 가공(P.87)했으며 등받이에는 장식적인 문장을 새겨 넣었다. 이 시기에 천을 씌운 쿠션을 고정한 의자는 드물었다. 요크셔(Yorkshire, 영국 잉글랜드 북부의 대표 지역-역주)나 더비셔(Derbyshire, 영국 잉글랜드 중부에 있는 카운티-역주) 지방의 의자는 그 지역의 독특한 형태로, 뻥 뚫린 등받이 부분에 2개의 가로목이 수평으로 가로지른 구조였다. 이 가로목은 아치 형태로, 보통 목조 세공을 했다. 다른 종류의 목재를 짜 맞추는 상감 세공(오른쪽, P.86)은 16세기 말부터 17세기에 인기가 있었다.

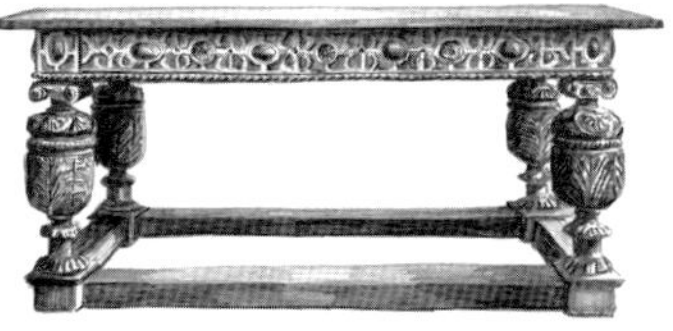

〈그림 1.14〉 탁자 : 튜더 왕조 시대 초기의 탁자는 단순한 가대형(架臺形, 2개의 팔[八]자형 다리[Trestle] 위에 상판을 얹은 것-역주)이 많았으며, 벤치나 등받이가 없는 의자와 함께 사용했다. 엘리자베스 왕조 시대부터는 정교한 목조 세공을 한 탁자를 흔히 볼 수 있게 되었다. 왼쪽 그림의 탁자는 다리 부분에 둥글게 깎은 도토리 문양을 새겨 넣고, 바닥에 닿을 듯 말 듯한 위치에 스트레처(stretcher)를 가로로 대어 다리를 연결했으며, 상판을 받치고 있는 가로목에는 가죽 띠 장식을 했다. 자코비안 양식의 탁자 다리는 우미한 고전 양식의 원기둥과 주두 그리고 이전만큼 화려하지 않은 목조 세공으로 장식했다. 이런 특징은 이 시대의 모든 가구 전반에 해당하는 일반적인 규범이었다.

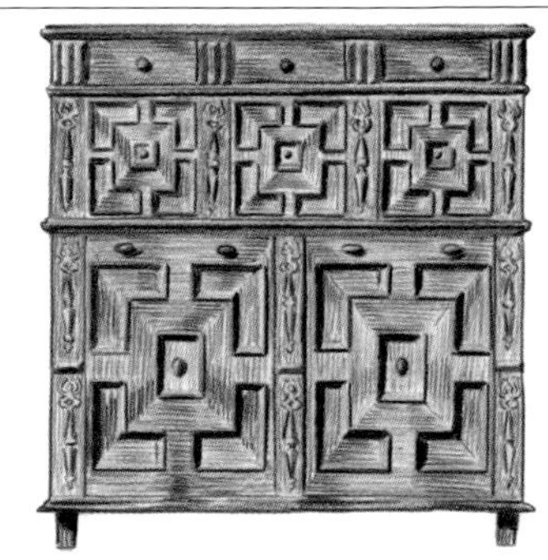

〈그림 1.15〉 서랍장(chest) : 정찬용 식기를 장식하는 문이 달려 있지 않은 선반(그림 1.1)과 문이 달린 선반 장은 잘 꾸며진 방에서라면 쉽게 볼 수 있는 가구였다. 자코비안 시대에는 서랍이 딸린 선반도 등장했다. 16세기에는 서랍장 표면에 풍부한 목조 세공 장식을 하는 것이 일반적이었지만, 17세기가 되면 장식이 훨씬 간소화되어 위쪽 그림과 같이 패널을 이용해 기하학 문양을 장식하게 되었다.

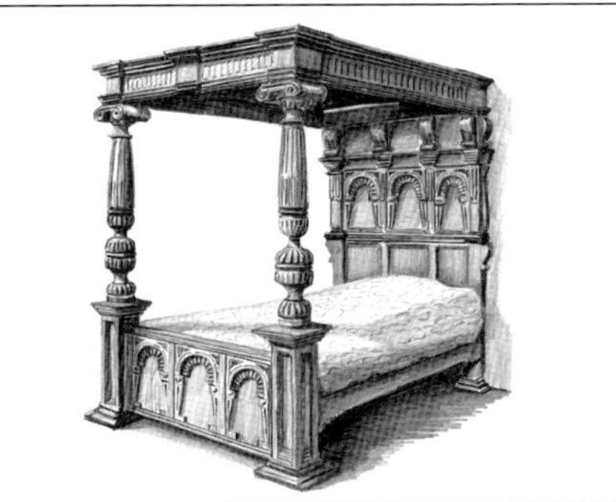

〈그림 1.16〉 침대 : 침구를 올려놓는 골조(bedstead) 부분이 2개의 기둥 안쪽에 놓이거나 위쪽 그림과 같이 기둥과 일체화된 4주식 침대(four poster bed)는 이 시대의 침실에서 가장 눈에 띄는 가구였다. 닫집 가장자리의 가는 아치형 장식과 패널로 장식된 반원형 아치가 엘리자베스 양식과 자코비안 양식의 목공 세공을 구분하는 특징이다.

제 2 장

왕정복고 양식과 앤 여왕 양식
Restoration and Queen Anne Styles

1660~1720

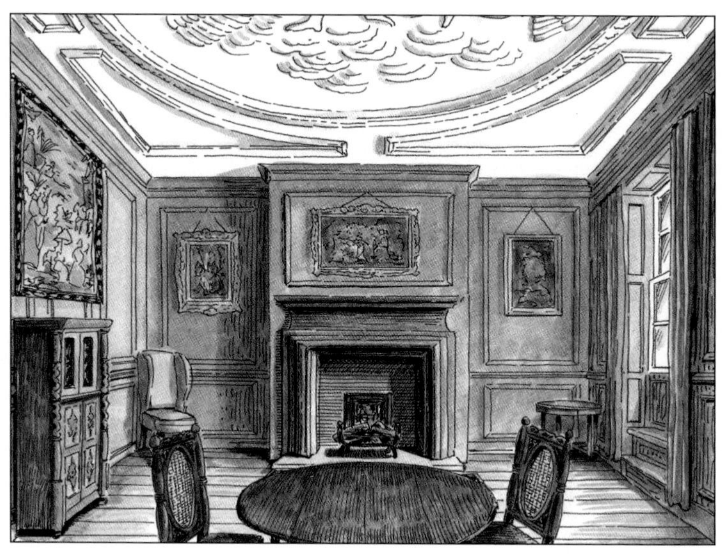

〈그림 2.1〉 18세기 초, 손님을 맞는 중요한 방의 인테리어. 상류층의 주택에서는 유럽의 유행과 호화로운 취향을 전시하는 장소로 이용되었다. 1700년대 초에는 상인이나 법률가 또는 그 밖의 전문직에 종사하는 이들의 주택에서도 상류층 주택과 비슷한 인테리어를 볼 수 있었다. 상류계급의 유행을 의식하기 시작한 것이다.

찰스 2세, 윌리엄 3세와 메리 2세 그리고 앤 여왕의 치세에는 주거·건축 양식에 몇 가지 극적인 변화가 일어났는데, 그런 흐름에는 당시의 왕과 여왕도 부분적으로 영향을 미쳤다. 청교도(puritan)가 지배하는 시대가 10년 넘게 이어지다(왕당파와 의회파가 격돌한 청교도혁명의 결과, 의회파가 승리하면서 1649년 국왕 찰스 1세가 처형된다. 그 후 11년간 왕정이 폐지되고 공화국으로서 통치되었다-역주) 1660년 복위한 찰스 2세가 네덜란드와 프랑스에서 지내며 몸에 익힌 새로운 고전 양식 취향을 영국에 들여왔다. 찰스 2세의 왕비 역시 포르투갈에서 고국의 물건들을 가져왔다. 그녀의 지참금에는 극동과의 중요한 무역 요충지였던 봄베이(인도 서부의 도시. 지금의 뭄바이-역주)의 영지가 포함되어 있었기 때문에 중국과 일본의 디자인이며 장식품에 대한 관심도 높아졌다.

이렇게 유럽이나 머나먼 이국의 양식이 유행에 민감한 도시 지역으로 들어오게 된 것과 같은 시기인 1666년 런던 대화재가 발생했다. 이런 요인들 때문에 주택을 짓는 방식이 바뀌었다. 극히 일부지만, 이니고 존스(Inigo Jones)처럼 청교도혁명 이전 시기부터 고전 양식의 규범을 정확히 이해하는 건축가들은 좌우대칭과 올바른 비율 등에 유의한 디자인을 선보였다. 하지만 대개는 주문자의 요구대로 그 지역에서 전래된 공법을 이용해 건물을 지은 후 단순히 원기둥이나 아치를 만들어 붙이는 정도였다. 대화재 이후, 런던의 재건은 엄격한 규제를 바탕으로 진행되었다. 도로의 폭이며 주택의 크기 그리고 건축 자재까지 심사관의 검사를 받았다. 주로 투기 목적의 건축주들이 고전 양식에서 아이디어를 얻은 새로운 형태의 테라스하우스를 지어 임대했다. 그렇게 변모한 수도의 모습은 다른 마을과 도시에까지 영향을 미쳤다.

동시에 주택 내부에도 큰 변화가 일어났다. 이전에는 대저택의 경우에도 건물의 깊이는 방 한 개 정도의 깊이로 중정을 에워싸듯 지어 더 크게 보이도록 했다. 이 시기에는 방 2개 정도 깊이의 2열식 구조(double pile)가 고급 단독주택과 도시 지역 테라스하우스에 널리 보급되었다. 지난 시대에는 방과 방 사이를 이동할 때 중간에 있는 방을 통과해 가야 했지만, 방과 방 사이를 연결하는 통로가 생기면서 중간에 다른 방에 있는 사람과 마주치지 않고 이동할 수 있게 되었다. 이것은 사생활 보호라는 관점에서 커다란 진보라고 할 수 있다. 실내 장식이나 가구 및 집기도 고전 양식의 규범에 따라 좌우대칭과 크기의 비율을 주의 깊게 설계해 인테리어에 적용했다. 1680년대에 슬라이드식 여닫이창을 사용할 수 있게 되면서 새롭게 세로로 긴 창을 규칙적인 크기와 간격으로 배치해 실내에 더 많은 채광을 확보할 수 있게 되었다.

홀은 현관 안쪽의 좁은 통로로 바뀌었다. 깊이가 있는 실내 구조에서는 이 홀에 채광을 확보하기 힘들었기 때문에 현관문 위에 조그만 채광창을 냈다. 후에 이런 형태의 채광창에 철 세공 장식을 한 팬라이트(fanlight)라고 불리는 것도 등장했다. 중요한 방 두 개를 홀의 좌우에 배치하고, 안쪽에는 사용인들의 공간 그리고 2층에는 침실을 배치하는 것이 일반적인 고전 양식 단독주택의 구조였다. 공간이 부족한 도시 지역의 테라스하우스에서는 2층을 손님을 맞는 중요한 방으로 사용하는 경우가 많았다. 1층에 홀이 있다 보니 방의 너비가 좁아진 것이다.

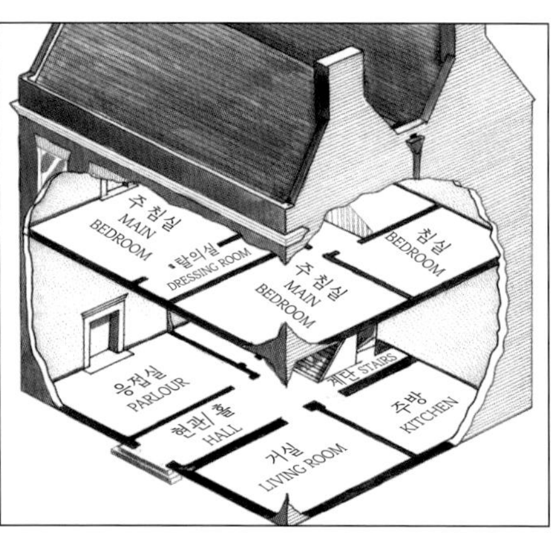

〈그림 2.2〉 2열식 방 구조의 주택 : 17세기 말의 대저택 투시도. 2열식 방 구조와 중앙의 홀을 볼 수 있다. 이런 배치로 각각의 방에 직접 들어갈 수 있게 되면서 사생활 보호가 강화되었다. 계단은 전보다 눈에 띄는 장소에 만들어졌다. 이 그림에서는 계단이 홀 안쪽에 있다. 한편 주방과 창고는 집 뒤쪽에 배치했다.

왕실의 유행을 쫓는 사람들은 필요한 물건을 외국에서 수입해야만 했다. 하지만 윌리엄 3세가 영국의 왕위에 오르자 숙련된 기술을 지닌 신교도 장인들이 프랑스와 네덜란드에서의 박해를 피해 함께 영국으로 건너오면서 이 시대 말경에는 질 좋은 유행 가구와 직물을 생산하는 수공업이 자리 잡는 데 이바지했다. 이때 바로크 양식이 유행의 중심이 되었다. 바로크 양식의 특징은 화려하고 사치스러운 집기, 광택이 도는 월넛재와 옻칠 가

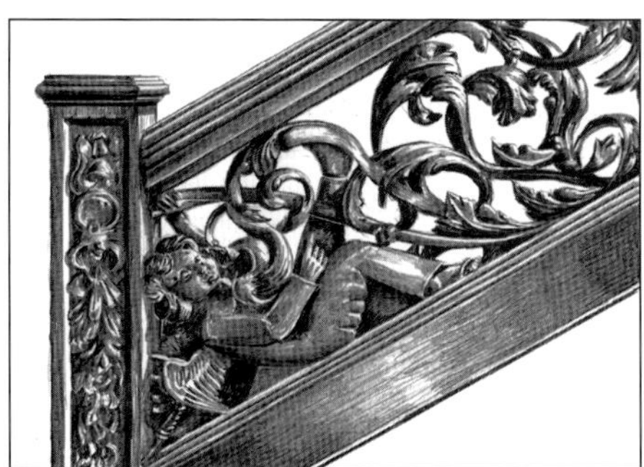

〈그림 2.3〉 목조 세공(carving) : 이 시기는 목조 세공이 전면에 등장한 시대였다. 특히 그린링 기번스(Grinling Gibbons)와 같은 거장의 작품이 눈에 띈다. 과일이나 꽃, 상단 그림의 경우는 난간동자에 담쟁이덩굴이 장식되어 있다. 고급 주택의 경우 사랑스러운 아기 천사(cherubim)나 성인 천사의 모습을 장식하기도 했다. 그림 왼쪽의 엄지기둥에 기대어 있는 천사의 모습을 볼 수 있다. 왕관을 쓰고 있는 장식도 있는데, 그건 아마도 왕정복고를 축하하는 상징일 것이다.

구 등으로 천장에는 천국을 묘사한 그림을 그려 넣어 입체적이고 역동적인 효과를 연출했다. 하지만 소규모 지주나 중류 계급에서는 여전히 전원의 주택을 오래된 전통 양식으로 꾸몄다. 전원 지역에서는 가구와 집기를 만드는 재료로 오크재가 주류를 점했으며, 그 형태는 지역의 전통 양식과 고전 양식이 섞인 장식이나 청교도에 걸맞게 장식이 없는 소박한 것이 많았다. 고전 양식이 일반에 널리 퍼진 것은 다음 시대 이후부터였다.

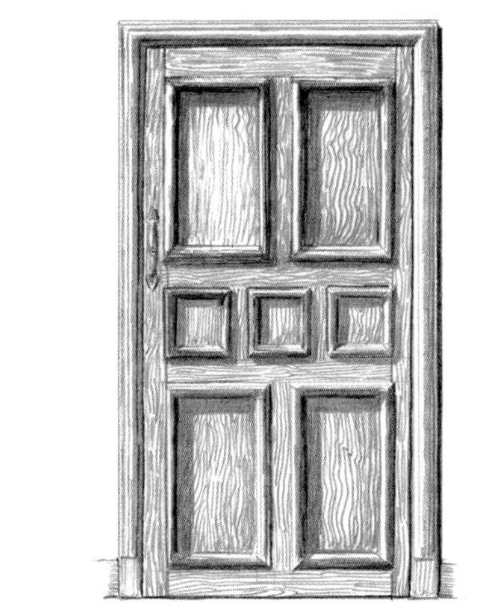

〈그림 2.4〉 문 : 패널을 짜 넣은 문은 유행에 민감한 주택에서 흔히 볼 수 있었다. 위쪽 그림처럼 2장의 큰 패널 사이에 1~3장의 작은 패널을 넣은 디자인이 많았다. 두꺼운 나무 널과 목조 프레임을 이용한 문은 여전히 사용인들의 공간이나 전원주택에서 널리 사용되었다. 17세기 말부터 18세기 초에 걸쳐 이 패널 둘레에 중심부가 돌출된 볼렉션 몰딩(bolection moulding, 그림 2.5)이 사용되었다.

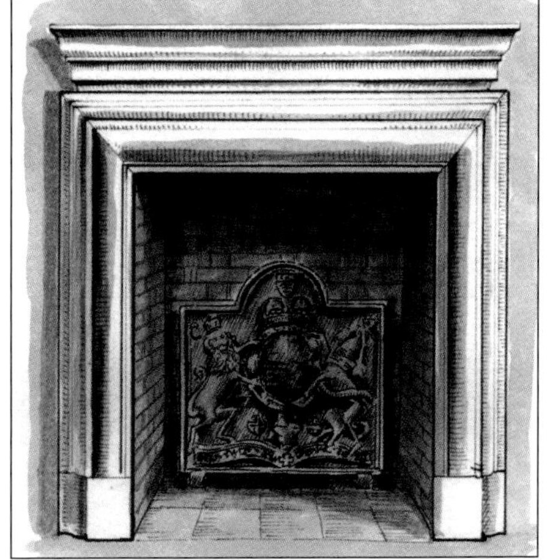

〈그림 2.5〉 난로 : 당시의 최신 유행은 나무나 돌로 만든 볼렉션 몰딩을 난로 가장자리에 두르는 디자인이었다. 난로 입구는 대개 벽의 패널과 일체화되도록 만들었다. 입구에 가까울수록 두꺼워지는 이런 몰딩은 1670년대부터 1720년대까지 문이나 난로 프레임에 널리 사용되었다. 주철(탄소 등을 함유한 철 합금. 강도는 떨어지지만 녹이기 쉬워 가공이 용이하다-역주) 난로 안쪽에 왕가의 문장을 장식하는 디자인이 17세기에 가장 인기가 있었다.

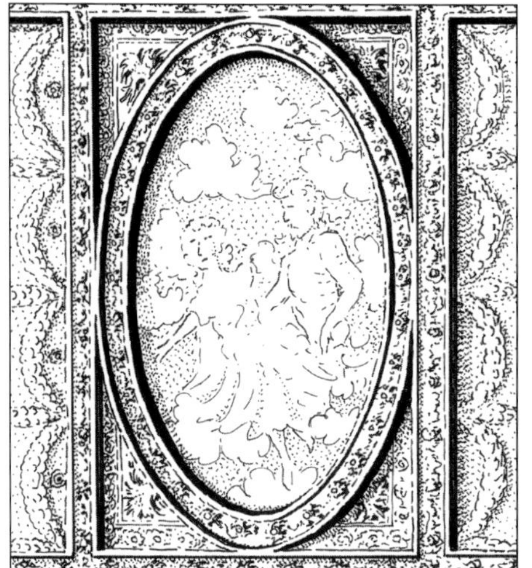

〈그림 2.6〉 천장 : 회반죽(plaster)으로 가공한 천장은 부유한 계급의 주택에 보급되었다. 다만 천장의 높이는 손님을 맞는 가장 좋은 방을 제외하면 여전히 낮은 편이었다. 이런 장식 천장에 회반죽 세공으로 두꺼운 타원형 프레임을 만들거나 그림을 그려 장식하는 것이 바로크 시대의 특징이다. 이 시대의 주택은 천장의 들보가 그대로 드러나 있는 경우도 많은데, 이것은 이후 시대의 집주인들이 전원풍 장식을 따랐기 때문이다. 하지만 장선(그림 1.9)과 주요 들보의 두께가 모두 같다면 그 천장은 과거 회반죽 세공으로 덮여 있던 것을 후에 제거했을 가능성이 있다는 것을 나타낸다.

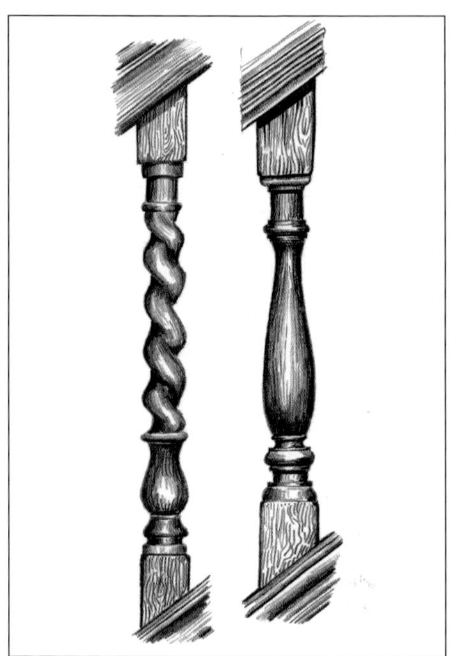

〈그림 2.7〉 계단 : 이 시기 계단은 인테리어의 주역 중 하나였다. 층계가 시작되는 지점의 목조 세공이나 목선반 가공을 한 개방형 난간동자와 오목한 패널을 붙여 장식한 엄지기둥(그림 2.3)이 이 시대의 특징이다. 난간동자는 주로 목선반 가공을 한 단지(오른쪽)나 병 모양이 인기가 있었으며, 그 외의 상하부는 매우 짧았다. 꼬임 형태의 난간동자(왼쪽)는 포르투갈 출신인 찰스 2세 왕비와 함께 들어온 유행으로, 1700년대 초까지 인기를 끈 장식 형태였다. 이런 난간동자는 계단 옆판에 부착되어 있었다. 납작한 스플랫형 난간동자(그림 1.5)는 둥글게 세공한 장식을 평면적인 형태로 모방한 것으로 이 시기에도 계속 만들어졌으며, 중간에 구멍을 뚫은 디자인도 있었다. 엄지기둥에는 피니얼(finial)이라고 불리는 꼭대기 장식이 사용되기도 했다. 간혹 위층 계단에서 늘어뜨린 펜던트와 디자인을 통일하기도 했다.

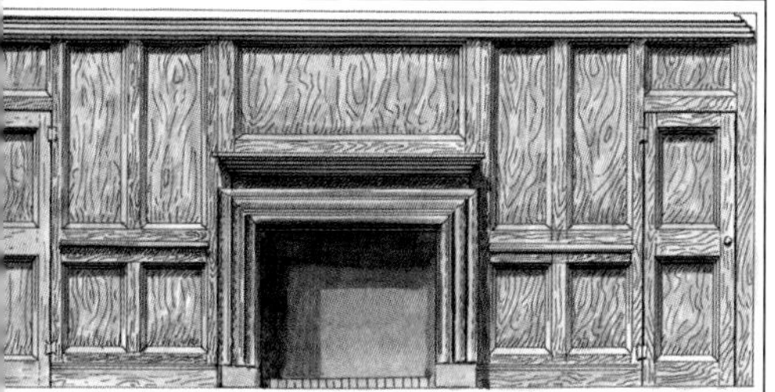

〈그림 2.8〉 패널 장식(paneling) : 벽에 패널을 붙여 장식하는 방식은 꾸준히 유행하며 위쪽 그림과 같이 벽 윗부분까지 덮기도 했다. 18세기 초에 연재(軟材, 재질이 연한 목재-역주)가 수입되어 주택에 사용되었다. 딜(deal, 전나무 또는 소나무 목재-역주)이라고도 불린 이 목재는 소재로서의 매력이 부족했던 탓에 회갈색, 크림색, 녹색, 갈색 등으로 칠하거나 나뭇결을 그려 넣어 고급 목재처럼 치장했다(그림 2.1). 이 시기에 허리 높이의 다도 레일(dado rail)과 굽도리널(skirting board, 그림 0.1)을 붙이기 시작했다. 벽을 따라 의자를 놓았기 때문에 의자 등받이로부터 패널을 보호하기 위해서였다.

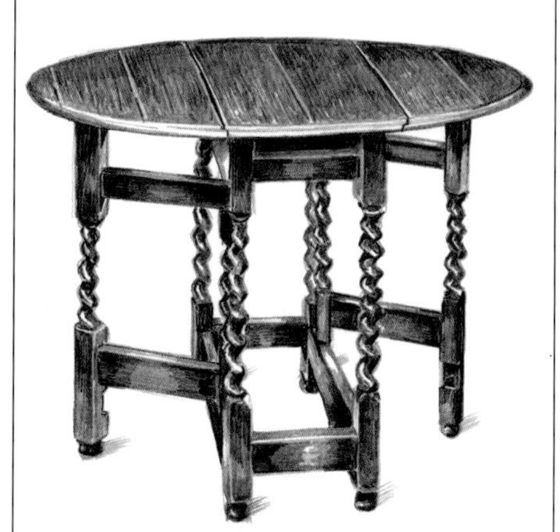

〈그림 2.9〉 접이식 탁자(gate leg table) : 17세기 말부터 18세기 초에 걸쳐 작은 탁자 여러 개를 사용해 식사를 하는 방식이 유행했다. 위의 그림과 같이 꼬임 장식 다리가 달린 원형 접이식 탁자는 이 시기의 것으로 볼 수 있다. 간혹 서랍이 달린 탁자도 있었다.

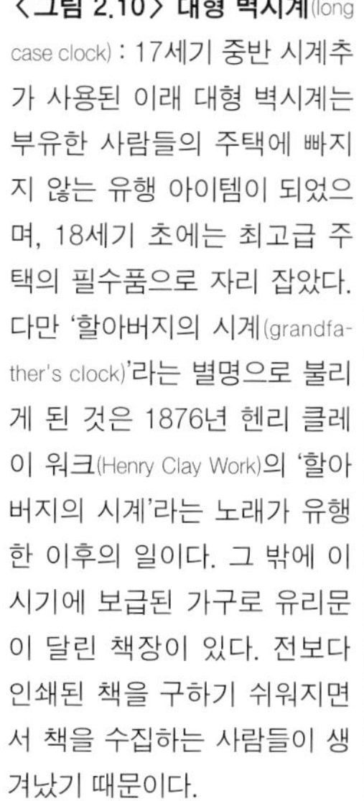

〈그림 2.10〉 대형 벽시계(long case clock) : 17세기 중반 시계추가 사용된 이래 대형 벽시계는 부유한 사람들의 주택에 빠지지 않는 유행 아이템이 되었으며, 18세기 초에는 최고급 주택의 필수품으로 자리 잡았다. 다만 '할아버지의 시계(grandfather's clock)'라는 별명으로 불리게 된 것은 1876년 헨리 클레이 워크(Henry Clay Work)의 '할아버지의 시계'라는 노래가 유행한 이후의 일이다. 그 밖에 이 시기에 보급된 가구로 유리문이 달린 책장이 있다. 전보다 인쇄된 책을 구하기 쉬워지면서 책을 수집하는 사람들이 생겨났기 때문이다.

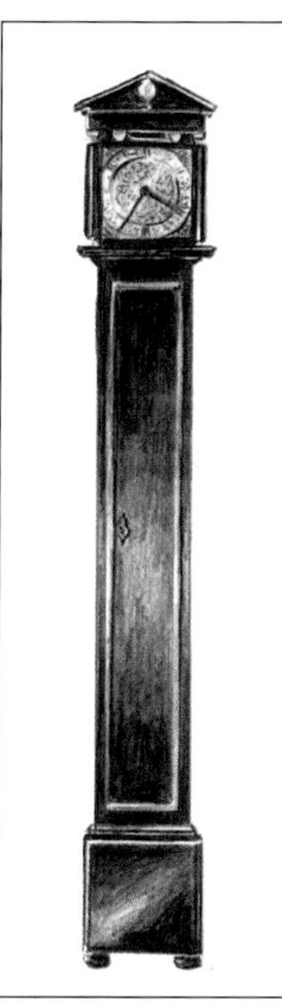

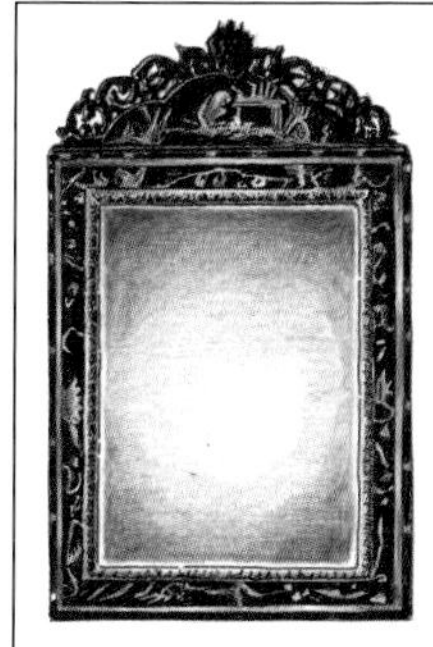

〈그림 2.11〉 거울 : 1618년 이전에는 베네치아의 장인들이 거울에 사용하는 판유리 제조를 독점했으나 그들의 노하우가 영국에 전해지면서 비로소 자국 내 생산이 가능해졌다. 왕정복고 이후 제작 기술이 향상되면서 상류계급의 주택에서는 정교한 목조 세공에 금박을 입힌 거울이 인기를 모았다. 그 밖에 거울 프레임을 장식하는 방식 중에는 '재패닝(Japanning)'이라고 불리는 광택 가공이 인기가 있었다. 일본의 옻칠을 모방해 위쪽 그림과 같이 표면에 검은색 광택을 표현하는 방식이었다. 일본의 생활 풍경을 그려 넣는 등 1680년대부터 1720년대까지 인기를 누린 가구 장식이었다.

〈그림 2.12〉 사이드 테이블 : 17세기 후반 카드 게임, 글쓰기, 티 테이블 등으로 사용하는 작은 탁자가 부자들 사이에서 인기를 끌었다. 아래 그림과 같이 당시 유행하던 월넛재로 만들어진 이런 탁자는 꼬임 형태의 다리 4개와 다리를 연결하는 스트레처(stretcher)로 이루어진 것이 특징이다. 왕정복고 시대의 가구는 색이 다채롭고 장식이 많다는 것을 알 수 있다. 표면에는 색이 다른 나무쪽을 사용해 무늬를 만드는 상감 세공을 했다. 상감 세공은 이 시기에 부활한 기술이었다. 초기에는 장식을 넣는 범위가 크지 않았다. 하지만 윌리엄 3세와 메리 2세 시대가 되면 고도의 기술을 지닌 네덜란드의 장인들이 이주해오면서 표면 전체를 꽃무늬 등으로 장식하는 일이 늘어났다.

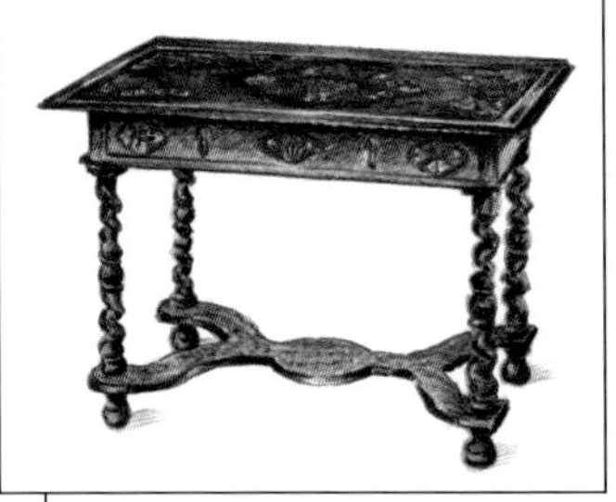

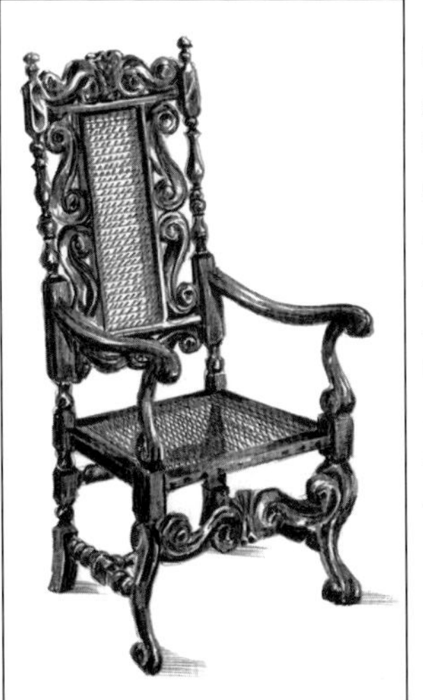

〈그림 2.13〉 왕정복고 양식 의자 : 이 시기 전반의 최고급 의자에는 화려한 목조 세공과 목선반 가공 그리고 앞쪽 2개의 다리를 연결하는 가로목과 등받이 상단의 디자인을 통일한 것이 많았다. 이 그림처럼 두루마리 모양(scroll)으로 장식한 다리도 인기가 있었다. 엉덩이가 닿는 부분과 등받이는 주로 등나무를 사용했는데, 이것은 18세기 초까지 의자의 소재로 인기를 누렸다.

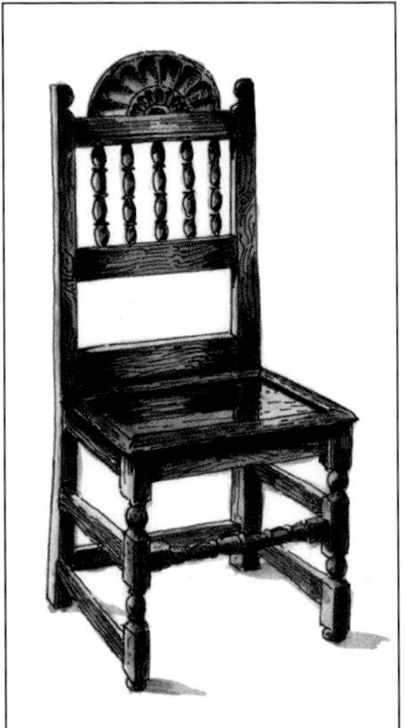

〈그림 2.14〉 오크재 의자 : 전원 지역에서는 여전히 오크재 의자가 널리 사용되었다. 등받이의 수직 지주 사이에 2개의 가로목을 가로지른 후 아치를 부착하고, 가로목 사이에는 선반 가공한 나무 기둥을 나란히 배치하는 왼쪽 그림과 같은 형태가 북부 전원 지역에서 유행했다.

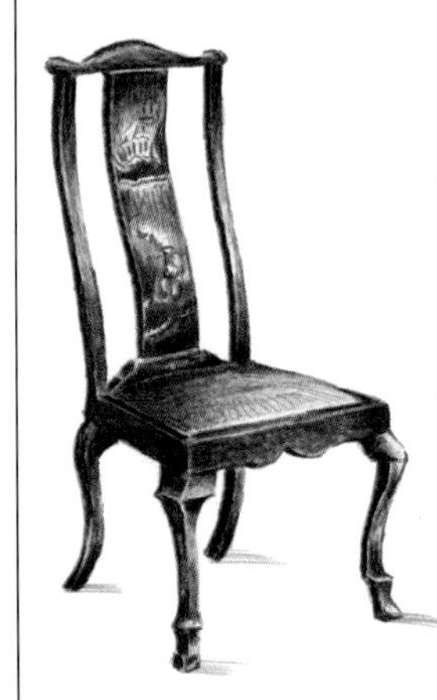

〈그림 2.15〉 앤 여왕 양식 의자 : 18세기 초에는 의자의 등받이가 좁아지고 다리를 연결하는 가로목이 사라졌다. 등받이의 수직 지주 사이에 부착하던 가로목은 중간이 아니라 위쪽에 놓이게 되었다. 왼쪽 그림과 같이 팔꿈치 모양으로 구부러진 독특한 형태의 캐브리올 레그(cabriole leg)가 사용된 것이 특징이었다. 파란색이나 검은색 또는 빨간색 벨벳을 씌운 쿠션을 의자에 고정한 것도 널리 보급되었다. 등받이에 곡선을 그리는 길고 납작한 나무 널을 댄 이 심플한 디자인은 대표적인 앤 여왕 양식으로 이후 조지 왕조 시대까지 계속 사용되었다.

제 3 장

초기 조지 왕조 양식
Early Georgian Styles

1720~1760

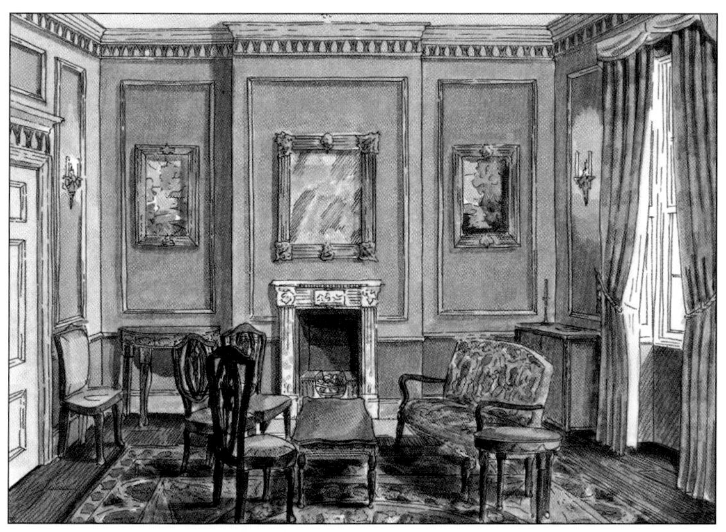

〈그림 3.1〉 18세기 중반의 응접실(drawing room) : 식사를 마친 후 잠시 머무는 작은 방에서 손님을 맞는 중요한 공간으로 발전했다. 여성의 영역으로 벽을 밝은 색상으로 꾸미고 바람이 잘 통하는 구조를 갖췄다. 이 시기에는 아직 하나의 응접실을 다양한 목적으로 사용했으며, 의자나 가구를 옮겨 중앙에 배치하거나 사용하지 않을 때는 벽에 붙여두었다. 다도 레일과 코니스(그림 0.1)가 패널과 같은 색으로 칠해져 있는 것에 주목.

1660년의 왕정복고 이래, 국왕이 의회에 많은 것을 양보하게 되면서 의회의 권력과 영향력은 강화되었다. 예컨대 앤 여왕이 후계를 얻지 못하자 의회는 하노버 선제후국에서 신교파 후계자를 지목해 조지 1세로 즉위시켰다(의회가 가톨릭 후계자가 아닌 신교도인 조지가 왕위를 계승할 수 있도록 법률을 제정했다-역주). 의회는 왕실에 돈이 필요할 때만 소집되는 것이 아니라 가을부터 봄까지 정기적으로 열리게 되었다. 그러자 의회 의원과 수행원들이 런던에 모이게 되면서 '사교 시즌'이 발달했다. 이 시기 대다수 귀족과 지주들이 전원의 주택 이외에 커다란 타운 하우스를 소유하면서 수도에서의 생활을 만끽하는 한편, 늘어나는 손님들을 접대하고 숙박까지 제공했다. 이런 상황이다 보니 귀족과 지주들 사이에서 도시에 컨트리 하우스 못지않게 크고 세련된 주택을 짓는 유행이 생겼다. 중류계급에서도 왕가나 귀족들의 눈에 들기 위해 상류계급의 최신 유행을 모방했다. 결과적으로 조지 왕조 시대(조지 1~4세의 치세[1714~1830]) 초기에 런던은 급격한 발전을 이룩했다. 도시의 성장은 유력자의 후원이 아닌 실력으로 뽑힌 새로운 관리들에 의해 점점 가속화되었다. 그리고 그들의 일상을 지원하기 위한 전문직, 상인, 사용인들의 수도 늘어났다.

18세기는 고대 그리스·로마의 고전 문학이나 고전 건축 양식을 교양으로 여기던 시대였기 때문에 상류계급에서는 자녀를 유럽, 주로 이탈리아로 보내는 그랜드 투어(Grand Tour)가 성행했다. 이 시기에 컨트리 하우스를 개축하거나 증축하는 열풍이 불었던 이유 중 하나로 그랜드 투어에서 돌아온 청년들이 새롭게 배워 온 디자인 지식을 뽐내거나 여행 중 가져온 많은 미술품을 장식할 공간이 필요했던 이유가 있다. 장남들이 그랜드 투어를 떠날 때 차남은 종종 성직자가 되기 위한 교육을 받고 교구를 할당받아 장대한 목회관을 신축했다. 하지만 이 목회관은 교구민들을 위한 것이 아니라 목사가 자신과 같은 계급의 사람들을 초대할 목적으로 지은 것이었다.

이처럼 크게 증가한 도시 지역의 새 테라스하우스와 전원주택, 목회관은 팔라디오 양식으로 지어졌다. 이것은 16세기의 이탈리아 건축가 안드레아 팔라디오(Andrea Palladio)가 확립한 고전 양식의 구성 방식(order, 고전 건축 양식에서의 원기둥과 엔타블레처의 구성 방식-역주)을 엄격히 준수하며, 전 세대의 지나치게 화려한 장식이 특징인 바로크 양식을 배제했다. 대저택에서는 일상의 편리함보다 양식(스타일)을 우선하는 경우도 많았는데, 가령 주방을 식당과 한참 떨어진 곳에 배치하다 보니 요리가 식탁에 오를 때쯤에는 차갑게 식어버리는 일도 있었을지 모른다. 하지만 주택 내부의 화려한 실내 장식은 꾸준히 인기를 끌었으며, 그중에서도 손에 꼽힐 정도로 화려한 주택의 경우 1740~50년경 로코코 양식으로 발전했다. 로코코 양식이란 화려한 소용돌이 문양의 회반죽 세공이나 목조 세공으로 호화롭게 꾸미는 것이었다. 중국적 기풍을 가미한 시누아즈리(Chinoiserie)는 18세기에 인기를 끌었으며, 당대 최고의 가구 디자이너였던 토머스 치펜데일(Thomas Chippendale)이 보급했다. 치펜데일을 비롯한 저명한 건축가와 장인들은 패턴 북(pattern book)을 출간해 유행에 목을 매는 부자들에게 새로운 양식과 디자인에 대한 힌트를 제공했다.

집주인 일가는 이전까지 가족의 일원으로 여겼던 사용인들과 점차 거리를 두기 시작했으며, 사용인들은 가족이라기보다는 계급제 집단으로 변모했다. 이런 경향은 18세기 초에도 여전히 계속되었다. 도시 지역의 대다수 테라스하우스에서 주방과 부엌방(scullery 또는 back kitchen)은 한 층 정도 깊이의 지하실에 만들어졌다. 사용인들은 현관 대신 지하로 연결된 통로(dry area)를 이용해 출입했다. 이 통로를 이용해 지하에 채광과 환기를 확보했다. 또 한 가지, 방의 성질이 바뀐 점이 있다면 다용도로 사용되는 일이 점차 줄어들면서 각각의 방에 분명한 역할이 주어지게 되었다는 점이다. 식당(dining room), 응접실, 손님을 맞는 주요 방과 함께 도서실도 만들어졌을지 모른다. 책은 장식적인 용도로도 사용되었지만, 사회적 지위를 나타내는 도구로 귀중히 보관되었다. 그

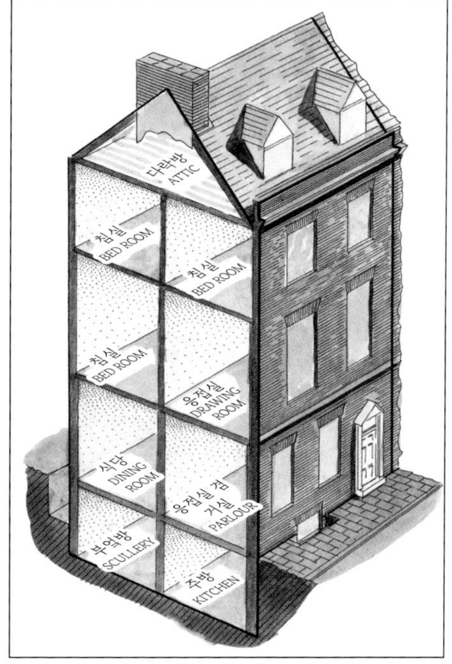

〈그림 3.2〉 18세기 중반 중류계급의 테라스하우스 투시도. 지하에 사용인들이 일하는 공간이 있다. 규모가 크지 않은 이 주택에서는 주 침실이 있는 2층이 1층의 가족용 방보다 천장이 높다.

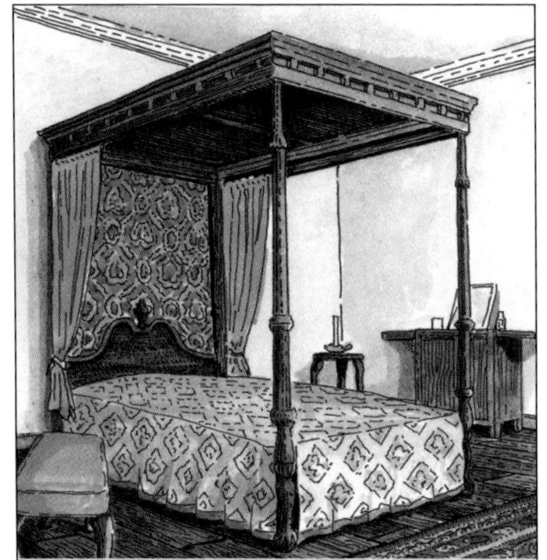

〈그림 3.3〉 침실 : 17세기 최고급 컨트리 하우스의 경우 침실은 주로 1층에 있었다. 앙필라드(enfilade)라고 불리는, 집 가장 안쪽에 여러 개의 방을 일직선상에 배치하는 구조의 가장 끝에 있었다. 집주인은 이곳에 손님을 초대하기도 했다. 18세기가 되면 침실은 주요 층(piano nobile)의 응접실에서 먼 곳이나 사생활이 보호되는 위층으로 이동했다. 이 시대에는 아직 욕실이 따로 없었기 때문에 침실은 잠을 자는 것 외에 몸을 씻거나 옷을 갈아입을 때도 사용했다. 4주식 침대는 여전히 널리 사용되었으며, 쿠션을 대거나 닫집 높이의 헤드보드를 갖춘 것도 있었다. 위쪽 그림과 같이 바깥쪽에 두꺼운 커튼을 달아 외풍을 막았다. 침실이 이전 시대보다 사적인 공간으로 바뀌면서 가구도 크게 중요하게 생각하지 않게 되었다. 손님을 맞는 방에 새 가구를 들일 때 오래된 가구를 침실로 옮겨 사용하는 일도 종종 있었다. 큰 저택에는 보통 나란히 배치된 방이 있었으며, 여성용 방은 부두아르(boudoir)라고 불렀다. 프랑스어로 '토라지다'라는 뜻의 부데르(bouder)에서 유래했다고 한다. 신사용은 클로짓(closet) 또는 캐비닛(cabinet)이라고 불렸다. 국왕과 가장 가까운 중신들이 이런 방에서 왕을 알현했던 데서 유래된 이름으로, 오늘날 '캐비닛'은 내각을 표현하는 말로도 쓰인다.

밖에 오전용 거실(morning room) 또는 조식용 거실(breakfast room)을 만들어 가벼운 식사나 오락을 목적으로 사용했다. 규모가 작은 주택에서는 팔러(parlour)를 응접실 대신 사용하거나 집주인 일가만 따로 모이는 별도의 장소로 이용하기도 했다.

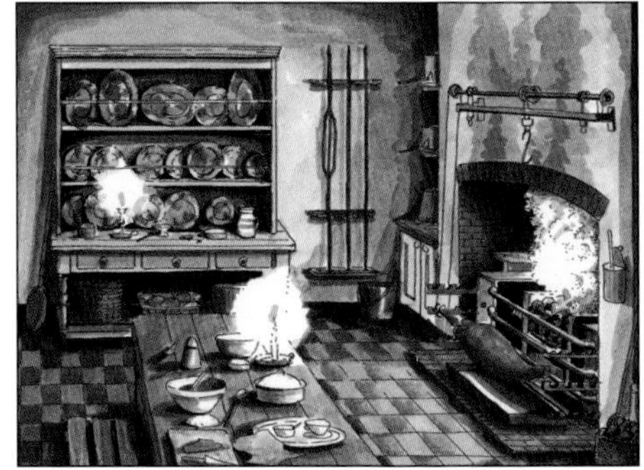

〈그림 3.4〉 주방 : 18세기 테라스하우스의 지하 주방. 개방식 레인지는 직화 요리에 사용했다. 이 그림에서는 스모크 잭(smoke jack)을 이용해 꼬챙이를 돌리고 있다. 불을 지필 때 발생한 상승기류가 굴뚝 안에 장치된 바퀴를 회전시켜 꼬챙이를 돌리는 것이다. 화격자는 1700년대까지 널리 보급되었으며, 1750년대에는 그림과 같이 불 옆에 오븐을 설치했다. 이 오븐은 후에 레인지의 원형이 되었다. 중앙에 놓인 탁자는 조리대이며, 문이 달려 있지 않은 찬장(dresser)에는 크고 작은 냄비나 일상용 식기를 수납했다. 이 두 가지가 일반적인 주방 설비였다. 주방 안쪽에는 작은 백 키친 또는 스컬러리라고 부르는 부엌방이 있었으며, 주로 설거지를 하는 용도로 사용했다. 물은 우물에서 길어오거나 펌프를 설치했고, 간혹 목제 파이프를 통해 물을 끌어오는 경우도 있었다. 물은 보일러로 끓였다. 이것은 구리로 만든 깊은 냄비를 벽돌 벽에 끼운 후 밑에서 불을 지펴 데우는 방식이었다.

〈그림 3.5〉 문 : 중요한 방에는 흔히 6장의 패널로 장식된 문을 달았다. 이 패널은 위쪽이 가장 작고 중간이 가장 컸으며, 아래쪽이 그보다 조금 길이가 짧은 형태로 모두 중앙 부분이 돌출되어 있었다. 양질의 목재에는 광택제가 칠해져 있었다. 그렇지 않은 목재라면 색을 칠하거나 나뭇결을 그려 넣었다. 18세기 초두에는 핸들형(handle) 손잡이가 인기가 있었으며, 시대가 흐르면서 둥근 노브형(knob) 손잡이가 널리 사용되었다.

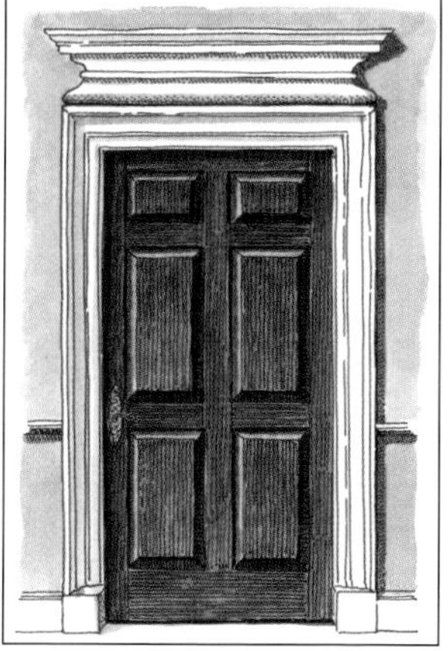

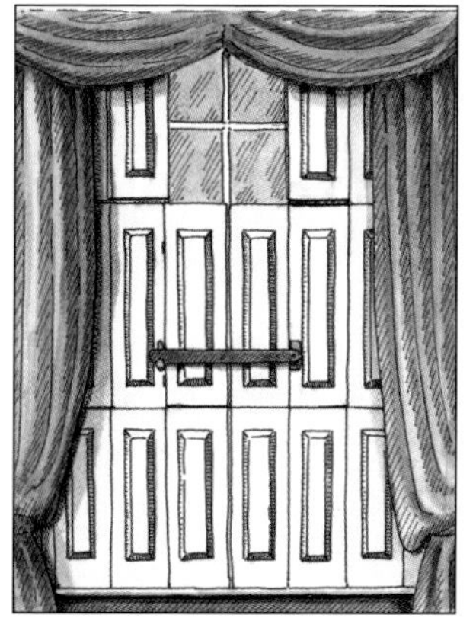

〈그림 3.6〉 창 : 여닫이 창 안쪽에 쇠살문을 다는 것이 일반적인 방식으로, 이 그림과 같이 2단 또는 3단으로 수평 분할해 위쪽은 채광을 위해 열어두고, 아래쪽은 섬세한 집기들을 보호하기 위해 닫아둘 수 있었다. 18세기 초에는 감아 올리는 방식의 롤러 블라인드(roller blind)나 가로형 베니션 블라인드(venetian blind)도 볼 수 있었다.

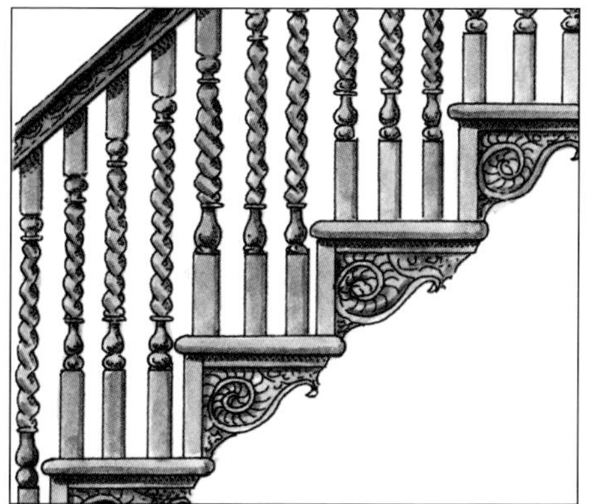

〈그림 3.7〉 계단 : 이 시기에는 계단의 좌우 측면을 덮는 계단 옆판이 따로 없고 디딤판 위에 바로 난간동자를 올린 형태의 계단이 인기를 끌었다. 난간동자는 디딤판 하나에 보통 2개 혹은 3개씩 배치했으며, 각각의 디딤판에는 작은 장식 브래킷(bracket)을 달았다. 대저택의 경우 장대한 홀 공간을 확보하기 위해 계단은 한쪽 벽에 치우친 위치에 만들었다.

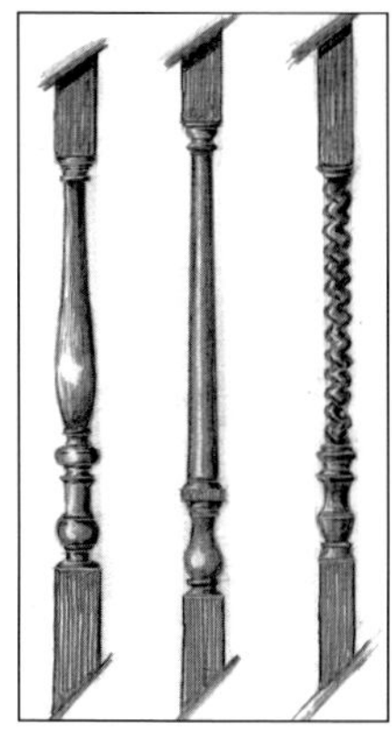

〈그림 3.8〉 난간동자가 가늘어지고 전 시대보다 목선반 가공을 하지 않은 상하의 범위가 넓어졌다. 단지형(왼쪽), 원기둥형, 목이 짧고 배가 부른 단지 위에 올린 원기둥형(중앙), 보리엿 모양의 원기둥형(오른쪽, barley twist. 보리엿을 졸여서 만든 막대사탕 모양과 비슷. 꼬임 원기둥[twist column]이라고도 불렸다-역주) 등이 인기가 있었다.

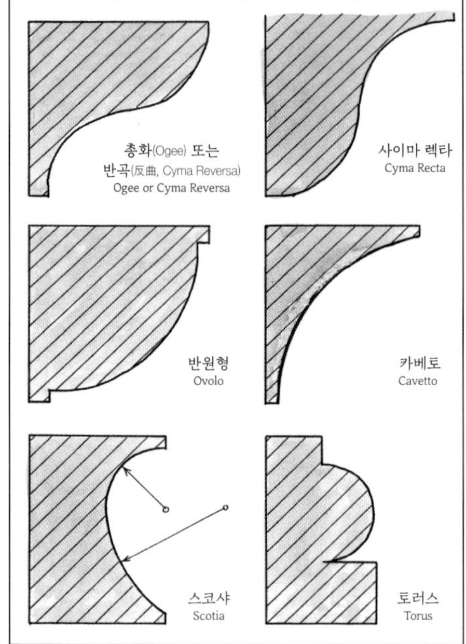

〈그림 3.9〉 몰딩(moulding) : 조지 왕조 시대와 섭정 시대(Regency Period, P.40)의 코니스와 허리 높이의 다도 레일 그리고 패널이나 문 가장자리에 붙이는 몰딩 장식은 일견 복잡해 보이지만, 위 그림과 같이 단순한 요소로 분류할 수 있다. 총화형(ogee), 반원형(ovolo), 난촉형(egg and dart)이 인기였다.

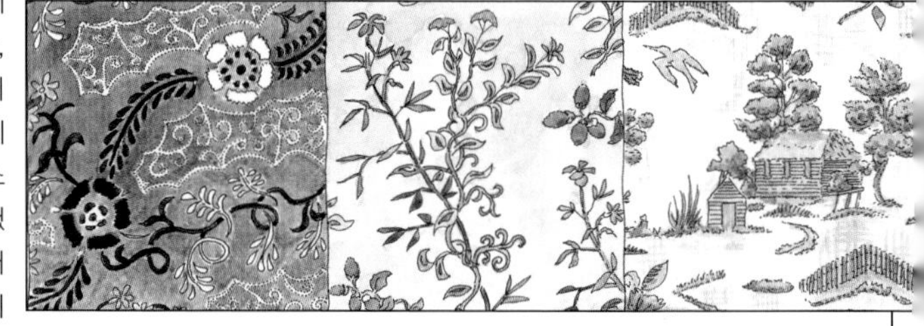

〈그림 3.10〉 벽지 : 가장 좋은 방에는 여전히 패널을 붙여 장식했지만, 보통은 벽 아래쪽만 덮고 위쪽은 회반죽을 칠했다. 고급 저택의 경우에는 다마스크(P.85), 벨벳, 실크, 태피스트리 또는 가죽으로 벽을 덮기도 했다. 수제 벽지는 벽을 덮는 직물의 저렴한 대용품으로 이용되었다. 벽지 디자인은 커튼이나 의자나 소파의 직물 혹은 태피스트리 등에서 모방한 것으로 솔기나 레이스 같은 세밀한 부분까지 그려져 있었다. 무늬는 단순하고 반복적인 패턴부터 벨벳을 모방한 플록 가공(표면에 울을 붙여 무늬가 도드라지게 만드는 방법-역주), 꽃무늬(왼쪽·중앙), 중국의 풍경을 그려 넣은 것(오른쪽) 등이 있었다. 이런 벽지는 오늘날과 같이 직접 벽에 바르는 것이 아니라 마직물에 붙인 후 목조 프레임을 이용해 늘어뜨리거나 압침으로 벽에 고정했다. 이 시대에 인기가 있었던 패널과 벽지 색상은 녹색, 올리브색, 녹회색이나 청회색, 담황색, 회갈색 등이었다. 몰딩을 포함한 방 전체를 같은 색상으로 칠하는 풍습은 여전했지만, 시대가 흐르면서 문이나 다도 레일은 보통 짙은 갈색으로 칠하게 되었다.

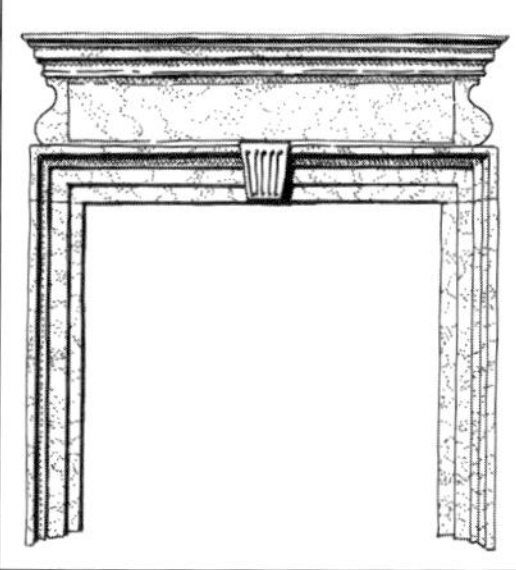

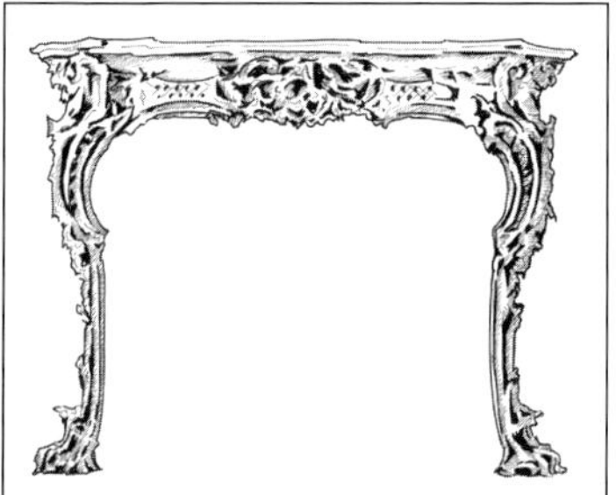

〈그림 3.11〉 난로 : 이 시기에는 벽에 붙인 패널과 일체화된 난로나 문미(門楣, 창문 위에 가로로 댄 나무-역주, P.11)로 난로 상부 구조물의 무게를 지지하는 방식이 사라지고 돌, 대리석, 목재 등으로 만든 난로 프레임을 벽에 부착하는 방식이 자리 잡았다. 돌출 장식이 고전 양식을 대신하게 되면서 18세기 초에는 프레임 상부가 옆으로 튀어나온 형태를 흔히 볼 수 있었다. 한편 단면의 곡선이 특징인 화려한 로코코 양식 난로 프레임도 1740~50년대의 것으로 볼 수 있다.

〈그림 3.12〉 가구 : 이 시대에는 마호가니(멀구슬나뭇과의 상록 교목-역주)가 인기가 있었는데, 그 이유 중에는 1721년 미국산 목재의 수입 관세가 인하된 것이 있다. 1730년대에는 고급 가구를 만드는 재료로 마호가니가 월넛재를 앞질렀다. 앤 여왕 시대에는 심플한 형태가 많았지만, 조지 왕조 시대가 되면 고전 건축 양식의 요소를 적용한 풍성한 장식이 더해졌다. 예컨대 오른쪽 그림의 책장 상단에는 브로큰 페디먼트(broken pediment, 완전한 삼각형이 아니라 윗부분이 끊어진 형태의 상부 장식-역주)와 같은 장식을 사용해 방이 꽉 차 보일 만큼 커다란 가구를 만들었다. 책장에 더해진 이런 장식은 책이 얼마나 중요했는지 혹은 책을 소유하는 것이 얼마나 중요한 것이었는지를 보여준다. 1층 안쪽에 만들어진 도서실 또는 서재는 집주인의 취향과 고전 교육을 반영한 것이다. 이 방에는 유리문이 달린 책장 외에도 저명한 사본을 올려두는 독서대와 책상 그리고 손님과 대화의 소재로 삼을 만한 회화 작품 등도 있었을지 모른다.

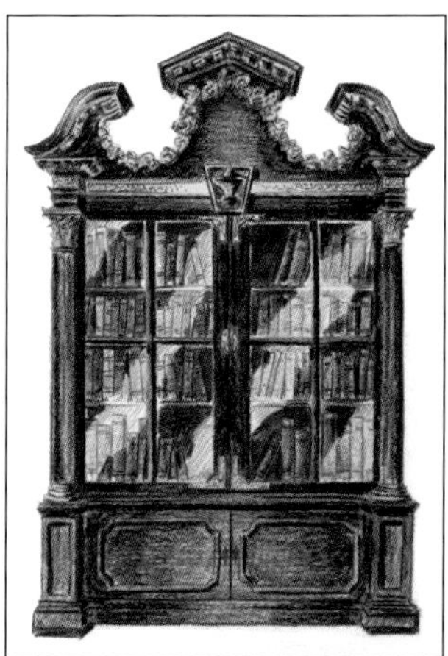

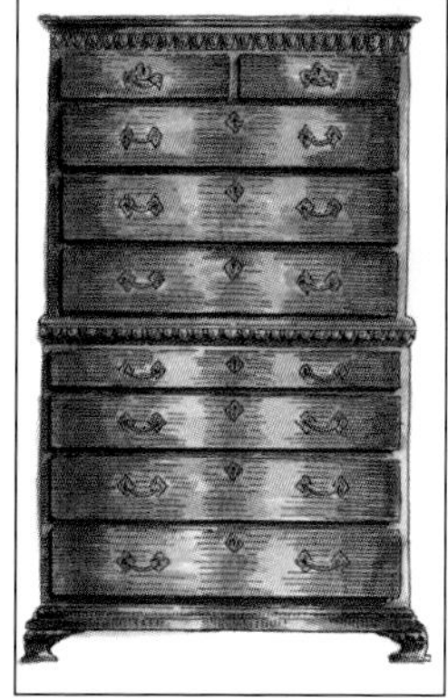

〈그림 3.13〉 서랍장 : 이 시대에는 왼쪽 그림처럼 높은 다리가 달린 서랍장(chest on chest 또는 two stage tall boy)을 침실에 두는 것이 인기였다. 2~3개의 서랍이 달린 높이가 낮은 서랍장은 코모드(commode)라고 불리며 1740년대부터 유행했다. 이 코모드라는 명칭은 19세기가 되면 실내용 변기라는 의미로만 쓰이게 되었다. 또 한 가지, 이 시기에 형태가 완성된 인기 가구로 책상을 들 수 있다. 비스듬히 설치된 책상 상판은 경첩을 달아 여닫을 수 있게 되어 있었으며, 내부는 여러 개의 칸막이로 나누어져 있었다. 조지 왕조 시대의 사람들이 즐겨 사용한 비밀 서랍도 있고, 측면의 필라스터(pilaster, 고전 양식의 원기둥을 납작한 장방형으로 만들어 벽면에서 돌출되도록 붙인 장식 기둥-역주)를 이용해 좌우 양쪽에서 감추기도 했다.

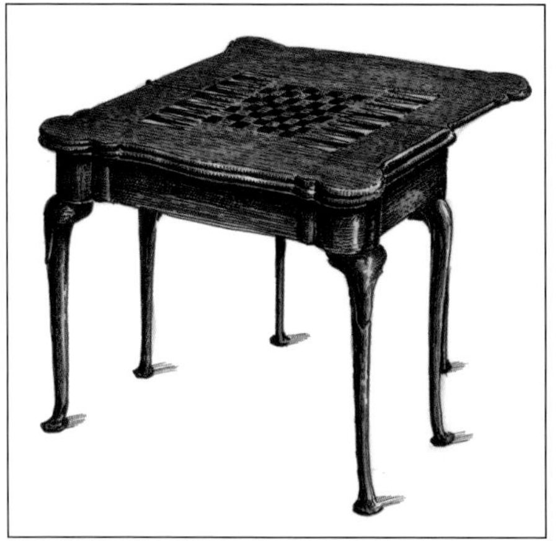

〈그림 3.14〉 사이드 테이블 : 이 시대에 손님을 맞는 방은 채광이 그리 좋지 않았기 때문에 게임이나 카드놀이 이외의 오락을 즐기는 것은 어려운 일이었다. 그런 이유로 카드놀이 전용 테이블이 중요한 아이템이 되었다. 카드놀이는 중요한 사교 스킬이었으며, 그 규칙은 게임에 정통한 이들로부터 배울 수 있었다. 캐브리올 레그(cabriole leg)가 달린 이 탁자는 다리를 연결하는 불필요한 스트레처를 생략했다. 또 필요에 따라 상판을 여러 구조로 접고 펴는 것도 가능했다. 그 밖에 진짜 대리석 혹은 모조 대리석 상판을 사용하는 것도 인기가 있었다.

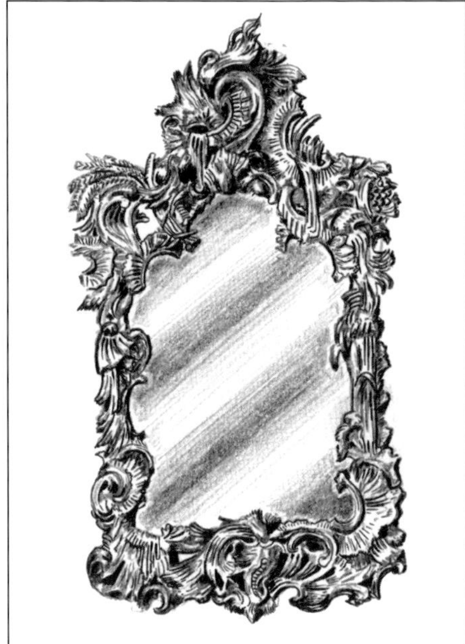

〈그림 3.15〉 로코코 양식 거울 : 좌우대칭이 아닌, 소용돌이치는 듯한 나뭇잎 장식이 특징. 동시대에는 '프랑스풍'으로 불렸다. '로코코(Rococo)'는 후에 당시 유행한 조개껍데기 모양의 장식에서 유래된 이름.

〈그림 3.16〉 다이닝 테이블 : 식당에서는 접이식 다리가 달린 탁자가 여전히 인기였다. 주로 타원형 또는 원형 탁자가 많았으며, 이후 시대가 되면 여러 개의 탁자를 붙여 긴 탁자로 만들 수 있는 정방형 탁자도 사용되었다. 오른쪽 그림처럼 캐브리올 레그를 사용해 탁자 아래쪽에 여유 공간을 확보할 수 있었다. 꼬임이나 단지 모양의 다리가 달린 탁자도 인기가 있었다. 음료를 내놓는 용도의 장식 선반(cabinet)이나 요리를 제공하기 위한 사이드보드를 놓기도 했다. 짙은 색으로 칠한 벽에는 다도 레일이나 굽도리 널을 댔는데, 이때까지도 탁자나 의자를 사용한 후 벽에 기대어두는 풍습이 남아 있었기 때문이다.

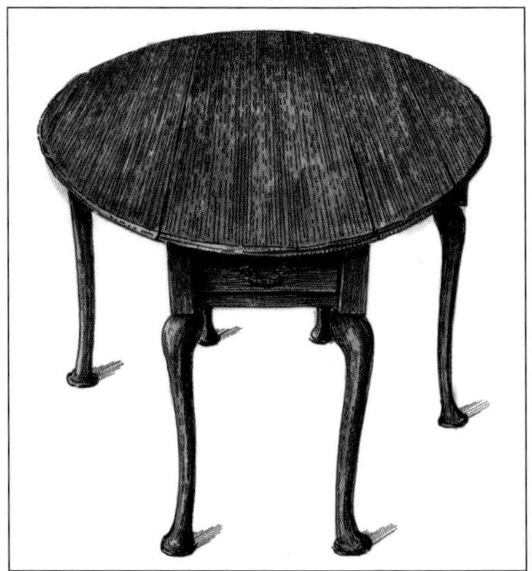

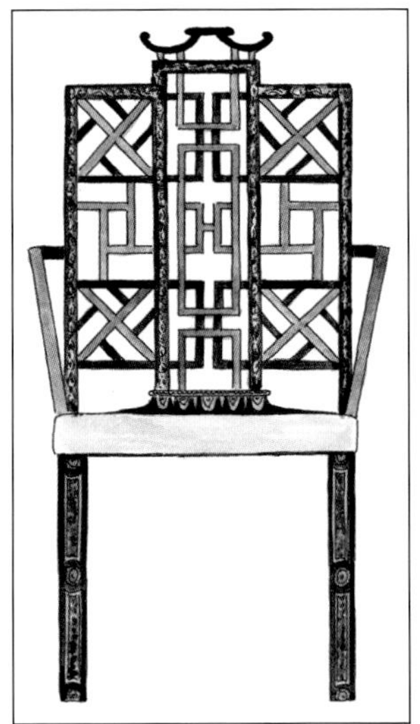

〈그림 3.17〉 치펜데일 : 토머스 치펜데일은 18세기 중반에 가장 큰 영향력을 발휘한 가구 디자인계의 권위자였다. 그는 가구에 특화된 최초의 패턴 북을 출간함으로써 자신의 디자인을 널리 보급했다. 그의 특징은 서로 다른 양식의 통일적 조화와 뛰어난 기술력 그리고 실용성과 우아함을 고수하는 점 등이었다. 치펜데일의 의자는 전 시대에 비해 전체적으로 각진 디자인과 직선의 다리를 사용한 것이 많다. 왼쪽 그림의 시누아즈리(중국풍) 양식의 의자도 마찬가지로, 등받이에 독특한 뇌문(P.86)이 장식되어 있다. 오늘날 치펜데일이라고 불리는 가구 대부분은 다른 사람이 그의 디자인을 바탕으로 만든 것이다.

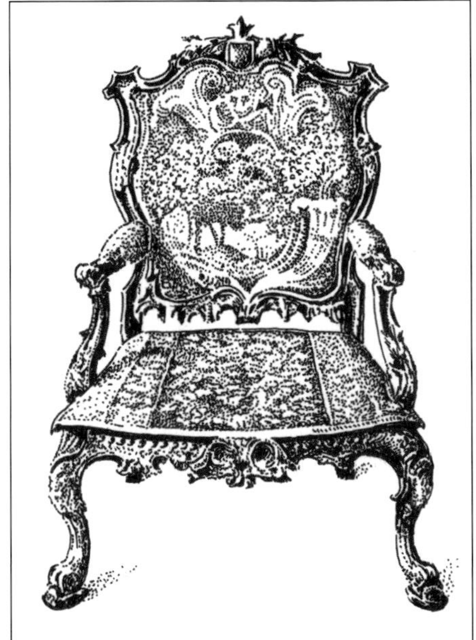

〈그림 3.18〉 커버를 씌운 로코코 양식 의자. 목조 세공 부분은 흰색과 금박으로 칠했을지도 모른다. 이런 색상의 조합은 18세기 중반의 고급 인테리어의 두드러진 특징이 되었다.

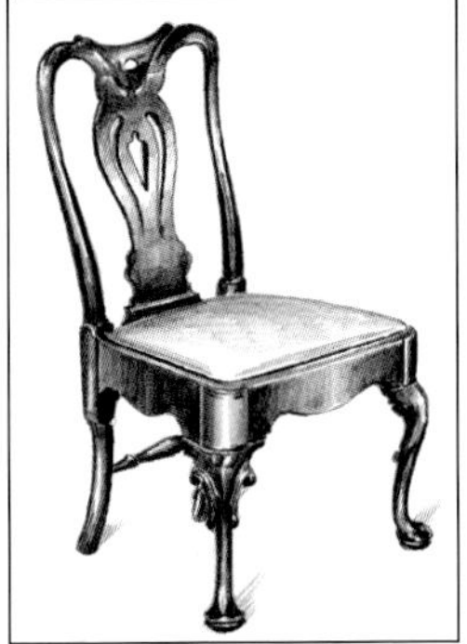

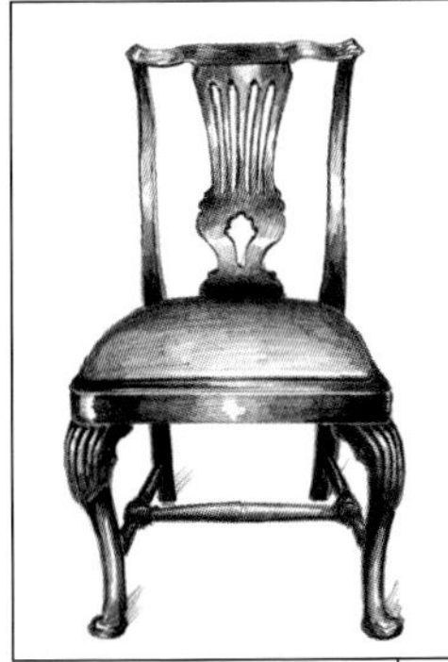

〈그림 3.19〉 의자 : 16세기부터 17세기 초까지 의자는 사치품이었다. 대부분의 서민들이 긴 의자(bench)나 등받이가 없는 의자(stool)를 사용했기 때문이다. 하지만 18세기에는 등받이가 있는 의자가 널리 보급되었다. 도시의 대저택에 있는, 충전물을 가득 넣거나 화려하게 장식한 로코코 양식 의자부터 전원 지역의 심플한 오크재 의자까지 다양한 종류가 있었다. 당시의 최신 유행 디자인은 바깥쪽으로 구부러진 팔걸이와 그 끝에 독수리나 동물 장식이 새겨져 있는 의자였으며, 이후 시대에는 단순한 소용돌이 형태가 인기를 끌었다. 둥근 물체를 움켜쥔 동물의 발톱 모양으로 된 캐브리올 레그도 자주 사용되었으며, 1750년대에는 직선으로 곧게 뻗은 다리가 유행했다. 등받이 상부는 이 시대 초기까지는 둥글게 구부러진 형태로, 곡선을 그리며 움푹 들어간 긴 등판(splat)이 사용되었다(왼쪽). 등받이 상단 바로 아래에 수평으로 가로목을 댄 디자인도 있었다. 하지만 시대가 흐르면서 전체적으로 사각형 형태로 바뀌고, 등받이 상부는 큐피드의 화살처럼 구부러진 형태로 등판에는 구멍을 뚫어 장식했다(오른쪽).

제 4 장

중기 조지 왕조 양식
Mid Georgian Styles

1760~1800

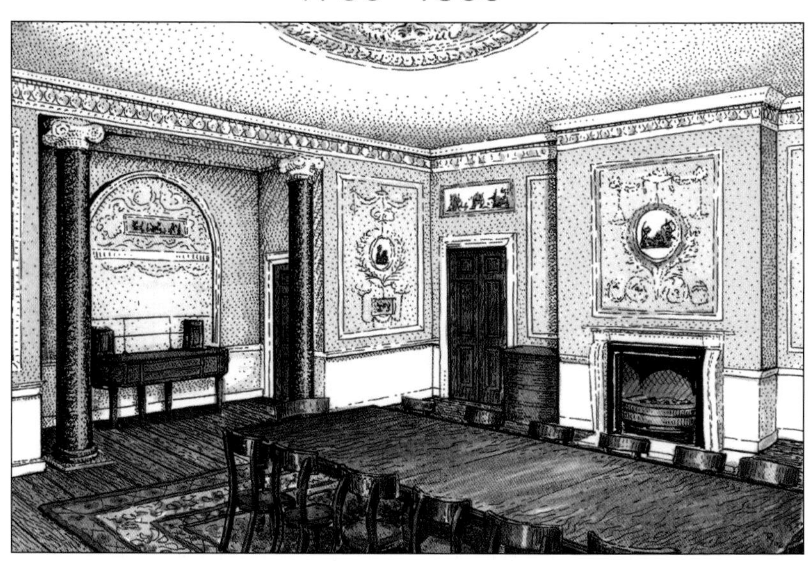

〈그림 4.1〉 18세기 말의 식당 : 이 시기에 방은 점차 오늘날과 비슷한 형태로 바뀌었다. 위 그림에서 볼 수 있듯 탁자는 방 중앙에 놓이게 되었다. 고급 주택의 경우 건축가는 원기둥으로 공간을 나누어 벽감(alcove, 벽면을 오목하게 파서 만든 공간)을 만들거나 아치로 장식한 벽감에 조각상을 놓기도 했다. 벽과 천장은 가늘고 섬세한 문양으로 장식했다.

18세기 후반, 런던의 인구가 급격히 증가했다. 그리고 농업 중심이었던 경제가 공업을 바탕으로 이행하는 변화도 시작되었다. 도로 교통의 편의성이 향상되고 새로운 운하도 개발되었다. 증기기관의 발명으로 대규모 공장을 가동할 수 있게 되었으며, 동시에 석탄의 생산 비용이 낮아지면서 도시의 가정에서도 연료로 사용할 수 있게 되었다. 런던으로 이주를 원하는 사람들이 급증하면서 투기 목적으로 많은 집들이 지어졌다. 이런 건축 붐은 수도 런던뿐만이 아니라 새로운 공업도시와 항만 지역 그리고 배스(Bath, 영국 잉글랜드 남서부 서머싯셔주의 온천도시-역주)나 벅스턴(Buxton, 영국 잉글랜드 중부 더비셔주의 온천도시-역주) 같은 온천 휴양지까지 퍼져나갔다. 이렇게 지어진 새 건물 대부분이 점점 더 많은 부를 축적해나가던 중류계급의 소유였다. 외국과의 무역, 호황을 맞은 공장, 탄광, 채석장 등을 경영하며 풍족한 생활을 하는 사람들과 그런 이들을 상대로 서비스와 상품을 제공하는 전문직 등 중류계급에 속하는 사람들의 수가 점점 늘어났다.

새로 지어진 좌우대칭 구조의 단독주택이나 도시의 테라스하우스는 대부분 임대주택이었다. 집주인은 물론 집을 빌린 사람도 상위 계급의 세련된 인테리어를 열심히 모방했다. 본보기로 삼은 상류계급의 주택은 여전히 고전 건축 양식의 규범을 따라 지어졌지만, 로마뿐 아니라 고대 그리스에 대한 새로운 학술적 발견에도 자극을 받았다. 이런 것들로부터 새로운 장식의 가능성을 발견하고 더 강한 영향력을 갖게 된 디자이너는 애덤 형제였다. 그들은 이제까지의 무거운 팔라디오 양식 장식을 새롭고 우아하며 섬세한 형태의 고전 양식 부품으로 바꾸었다. 애덤 양식의 특징은 독특한 개성을 지닌 얇은 몰딩, 옅은 색조, 자유로운 표면 장식이다. 또 그들은 집 전체를 통째로 디자인한다는 이상을 추진했다. 이전 시대의 주택이 외관은 세련된 팔라디오 양식인데 실내 장식은 호화로운 로코코 양식인 경우

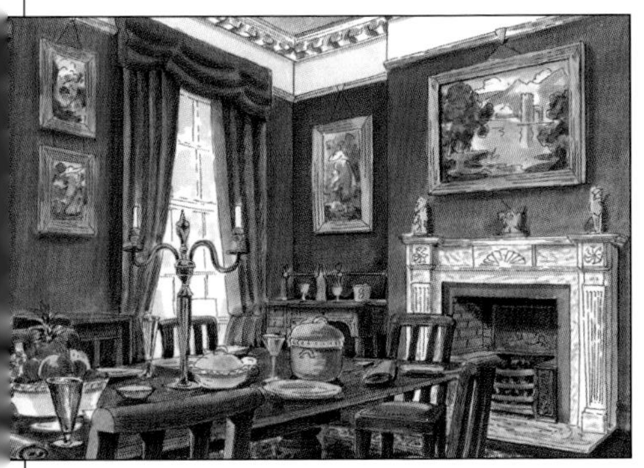

〈그림 4.2〉 식당 : 탁자가 방 중앙의 정해진 장소에 놓이게 되면서 허리 높이의 다도 레일은 픽처 레일(그림 0.1)로 바뀌었다. 픽처 레일은 그림 액자를 거는 데 사용되는 것으로 남성이 주역인 방에서 신사들이 회화 작품을 감상할 수 있도록 만든 것이었다. 상부의 커튼 레일과 짧은 커튼을 단 사이드보드는 요리를 제공하는 데 쓰였다. 탁자는 보통 장방형으로, 간혹 가장자리가 반원형인 탁자는 그 부분만 분리해 사이드 테이블로도 사용할 수 있었다.

〈그림 4.3〉 응접실 : 이 방은 계속해서 손님을 맞는 주요한 방으로 사용하면서 18세기 중반부터 유행한 관습인 오후에 홍차를 마시는 장소로도 이용했다. 응접실은 호화롭게 장식하는 주택이 많았다. 예컨대 오른쪽 그림은 애덤 형제의 개성 있는 스타일로 벽의 패널을 얇은 몰딩으로 두르고 안쪽에는 섬세하고 장식적인 디자인을 넣었다. 이 장식은 회반죽 세공으로, 방 안에서 수작업으로 성형하거나 미리 공방에서 성형해둔 장식을 마지막에 회반죽 위에 붙이는 식으로 완성했다. 이런 벽이 수세기 동안 사랑받던 패널 장식을 밀어내고 인기를 끌었다. 애덤 형제의 디자인은 보통 사방의 벽을 옅은 핑크색이나 파란색 또는 녹색으로 칠하고 패널에는 가늘고 섬세한 금박 프레임을 사용했다.

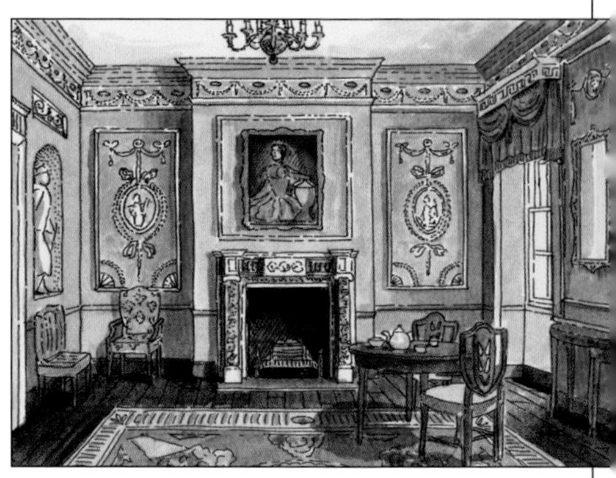

가 있었다면, 애덤 양식은 외관의 양식에 맞게 인테리어와 가구 디자인을 통일했다.

신축 붐이 일어난 지역에서는 건축에 관한 법 규제가 악습을 끊어낼 만한 힘을 갖지 못했다. 저렴한 벽돌로 외벽을 세우고 회반죽을 발라 감추거나 나무에 색을 칠해 대리석처럼 보이게 하는 등 가짜 소재를 사용하는 것이 일반적으로 인정되는 상황이었다. 사이즈(size, P.86), 수지(resin), 탄산칼슘을 가루로 만든 백악(whiting)을 섞은 도료로 목재처럼 보이게 하는 것도 가능했다. 또 저렴한 몰딩으로 수작업으로 한 목조 세공을 모방하기도 했다.

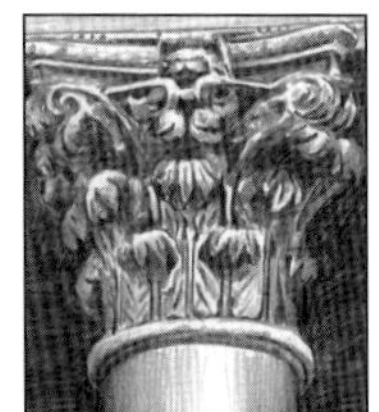
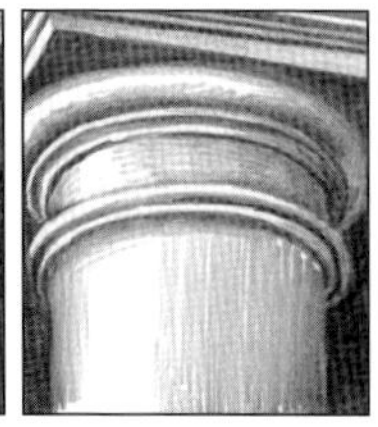
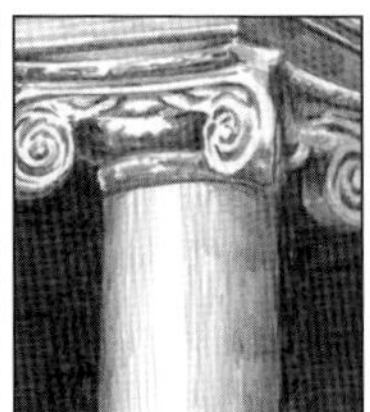
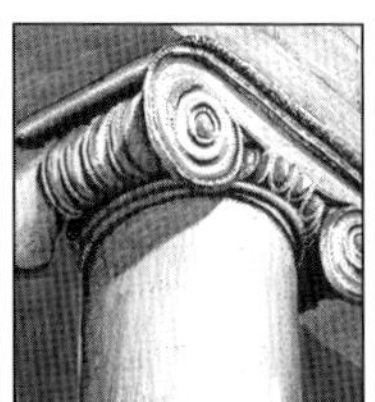
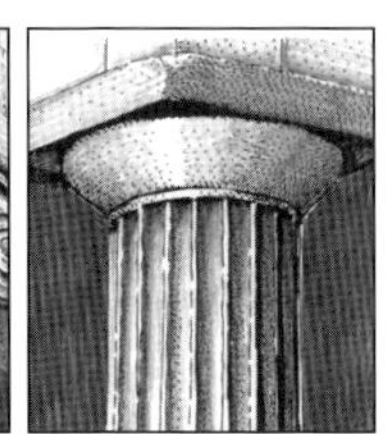

〈그림 4.4〉 원기둥(column)이나 평면으로 만들어 벽이나 가구에 붙이는 필라스터(pilaster)는 이 시대의 인테리어에 자주 사용되었다. 이런 기둥은 벽감(그림 4.1)이나 방을 분할할 때 비율의 균형을 맞추기 위해 사용하거나 가구나 난로 또는 문틀에 장식 부품으로 붙이기도 했다. 방 내부나 문에 사용되는 패널은 고대 신전의 비율을 모방해 배치했다. 가장 아래쪽 패널은 원기둥을 받치는 기단의 길이만큼 길고, 중앙의 패널은 원기둥의 본체와 같이 길다. 가장 위쪽 패널은 아키트레이브(architrave)나 코니스를 포함한 엔타블레처처럼 길이가 짧다. 이 세 가지 요소의 비율은 고전 양식의 구성 방식에 따라 다르며, 각각의 배치 방식은 원기둥 상부의 장식으로 구분할 수 있다. 위 그림의 왼쪽부터 오른쪽 순으로 로마 시대의 코린트식, 도리아식, 이오니아식이다. 16세기 말부터 영국에서 이런 원기둥이 사용되었다. 18세기 말에는 고대 그리스의 이오니아식과 도리아식도 인기가 있었다.

애덤 형제조차도 색을 칠한 가구와 집기를 이용했다.

이런 신(新)고전 양식이 인테리어의 주류가 되었다고는 하지만, 그 밖에도 영감을 얻은 디자인이 있었다. 가장 주목해야 할 것은 중국의 디자인으로, 가구와 벽지 디자인으로 꾸준히 인기를 누렸다. 또 한 가지는 새로운 고딕 양식이다. 이 시기의 고딕 양식은 끝에 k를 붙여 Gothick이라고 표기하며, 이후 시대의 빅토리안 고딕(Victorian Gothic)과 구별한다. 조지 왕조 시대의 고딕은 의자 등받이나 가구 형태에도 끝이 뾰족한 아치를 사용했다. 이렇게 다른 나라나 역사상의 양식을 혼합해 하나의 디자인으로 이용하는 방식이 흔히 사용되었다.

방은 대부분 전 시대에 완성된 배치에서 달라지지 않았다. 소규모 콘서트를 열어 손님을 초대하는 것이 유행이었기 때문에 커다란 저택에서는 전용 음악실을 만들기도 했다. 식당에서는 탁자를 방 중앙에 두고 사용했으나 응접실에서는 여전히 탁자를 다목적으로 이용했다. 오후에 홍차를 마시는 새로운 관습이 이곳에서 이루어졌기 때문이다. 그런 이유로 허리 높이의 다도 레일은 계속 남아 있었다. 위층은 전체적으로 남녀의 공간을 따로 분리하지 않았다. 고급 주택에서는 남녀로 구분된 침실 공간을 연결하기 위한 이중문을 설치하기도 했다.

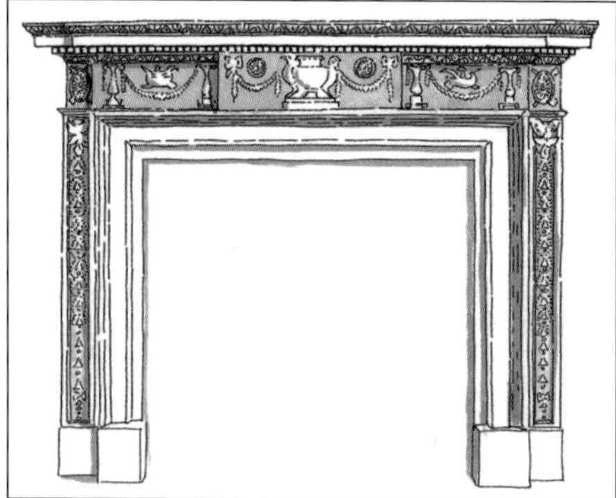

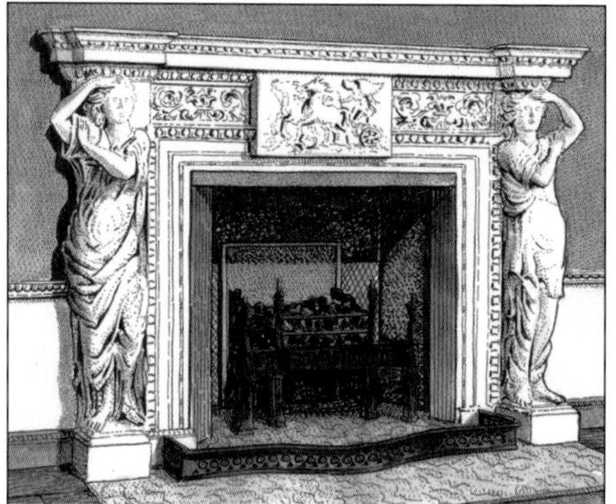

〈그림 4.5〉 난로 : 이 시대의 애덤 양식 난로 프레임의 특징은 입구 상단 가운데에 장식된 장방형의 장식 널과 난로 선반(mantelshelf) 아래쪽의 장식 띠 등이다. 난로의 깊이는 전 시대보다는 깊어졌지만, 후의 빅토리아 시대의 난로보다는 얕은 편이었다. 가장 고급인 경우 한 쌍의 조각상 또는 원기둥이 양쪽에 세워져 있었다. 석재 중에서는 여전히 대리석이 가장 인기가 있었으며, 전부 흰색 또는 채색한 장식을 붙여 모양을 만들었다. 대리석처럼 채색한 다른 소재가 사용되기도 했다. 난로 프레임의 일부인 장식 선반(overmantel)은 18세기에도 여전히 인기가 있었으나 중기 이후가 되면 커다란 거울이나 벽에 건 회화 작품 등이 그 공간을 차지하게 되었다. 전원 지역에서는 난로 디자인이 더 간소해지고 입구 가장자리에는 타일을 붙였다. 파란색과 흰색이 특징인 델프트 도기(네덜란드의 델프트라는 도시에서 만들어지는 도자기-역주) 타일이 17세기부터 18세기 초까지 인기가 있었으나 이 시대에는 자국산으로 바뀌었다.

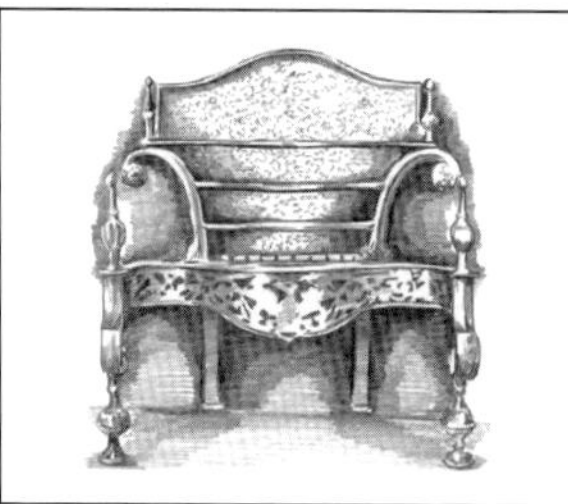

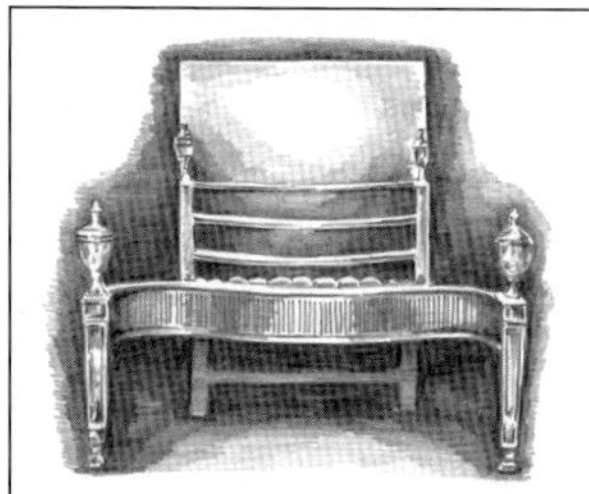

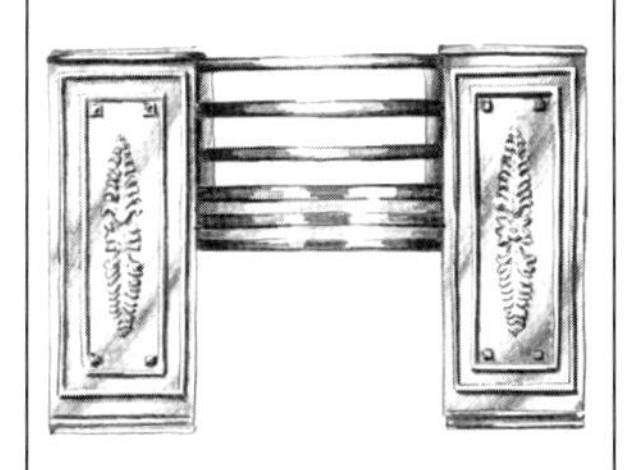

〈그림 4.6〉 화격자(grate) : 석탄을 쉽고 저렴하게 구할 수 있게 되면서 전 시대에는 장작을 올렸던 화격자에 더 작은 석탄 덩어리를 넣고 효율적으로 태우기 위해 개량되었다. 금속제 화격자는 받침대를 이용해 들어 올리고, 앞쪽은 표면을 연마해 우아한 은빛이 돌았다. 황동은 19세기까지 보급되지 않았다. 왼쪽 그림과 중앙의 그림에 있는 받침대는 밸러스터(baluster)라고 불렸으며, 뒤쪽의 작은 바구니에 석탄을 담아 사용했다. 이 시대에 공기의 흐름을 조절해 화력을 높이려는 시도가 있었다. 굴뚝으로 연결된 입구를 여닫는 덮개를 달아 공기를 조절하는 통풍 조절 덮개가 달린 화격자(register grate)는 이미 발명되어 있었지만 널리 보급된 것은 19세기가 된 후의 일이었다. 석탄 덕분에 연료의 크기가 작아지면서 오른쪽 그림과 같은 선반형 화격자(hob grate)를 만드는 것이 가능해졌다. 이것은 화격자 좌우에 철제 선반(hob)을 달고 그 위에 주전자나 냄비를 올려 물을 끓이거나 요리를 데울 수 있도록 만든 것이었다.

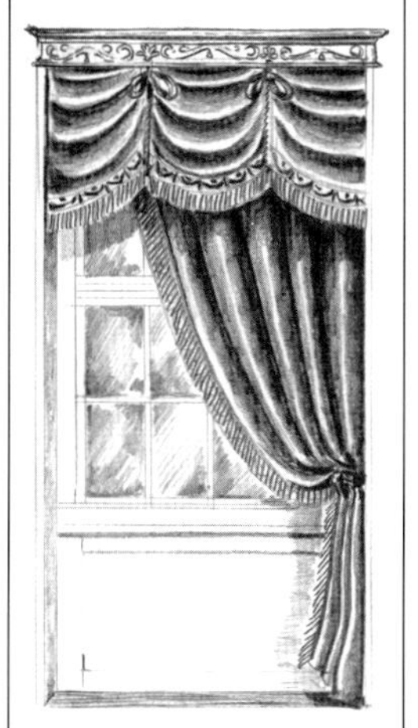

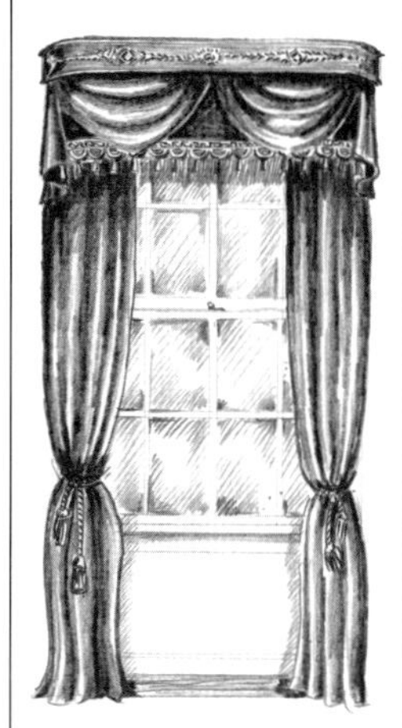

〈그림 4.7〉 커튼 : 1730년대 상류계급의 주택에서는 벽과 같은 높이의 창에 커튼을 다는 일이 흔했다. 페스툰 블라인드(festoon blind)와 같이 커튼을 묶어 끌어올리거나 위쪽에 주름을 잡아 꽃다발처럼 늘어뜨렸다. 1760~70년대에는 왼쪽 그림과 같이 커다란 커튼 한 장을 한쪽에만 다는 것이 유행했으나 이내 오른쪽 그림과 같이 일반적인 '프랑스식'이 보급되었다. 이 스타일은 커튼에 고리를 달고 막대에 꿰어 늘어뜨리는 방식으로 창의 코니스나 커튼레일 덮개(pelmet)와 함께 인기가 있었다. 이 시대에는 메인 커튼의 재질이 얇아졌다. 영국에서는 면직물을 저렴하게 생산하지 못했기 때문에 17세기 말 이후에는 인도의 면직물이 인기가 있었다. 콜카타산 면은 캘리코(calico)라는 이름으로 널리 알려졌다. 그러나 이내 영국에서 자국의 수공업을 보호하기 위해 수입을 금지하게 되었다. 그러자 영국산 리넨에 목판을 이용한 날염(print)을 해 인도산 면직물을 모방하기도 했다. 1770년대 서양에서도 면직물 산업이 자리 잡았다. 처음에는 한 가지 색밖에 만들지 못했지만, 1790년대 무렵에는 2~3색을 사용할 수 있게 되면서 빨간색, 파란색, 보라색과 검은색이 널리 이용되었다. 면직물에 광택 가공을 해 매력적인 광택과 강도를 더한 친츠(chintz)에 꽃무늬를 날염한 것이나 화려한 색상의 캘리코도 인기가 있었다. 또 성기게 짜 속이 비쳐 보이는 모슬린을 서브 커튼이나 메인 커튼 안쪽에 사용하기도 했다. 애덤 형제에 의한, 방 전체를 디자인한다는 사상이 보급되면서 커튼의 직물과 가구 커버 또는 벽지의 색상을 조화롭게 디자인하는 사고방식이 정착했다.

〈그림 4.8〉 천장 : 대부분의 회반죽 세공 천장은 아무런 장식이 없었지만, 가장 좋은 방에는 계속해서 정교한 돌출 장식을 했다. 다만 이전보다 장식의 두께가 얕고 가늘어졌다. 평평한 면에는 옅은 핑크나 라일락 또는 녹색 등의 색을 칠해 디자인을 강조하는 효과를 주었다. 바닥에 깐 러그와 디자인을 통일한 집도 있었다. 벽과 천장의 경계에 두른 코니스는 18세기 전반까지는 다소 복잡하고 입체적인 형태로 디자인되었지만, 이 시대에는 단순하고 작은 장식으로 바뀌었다.

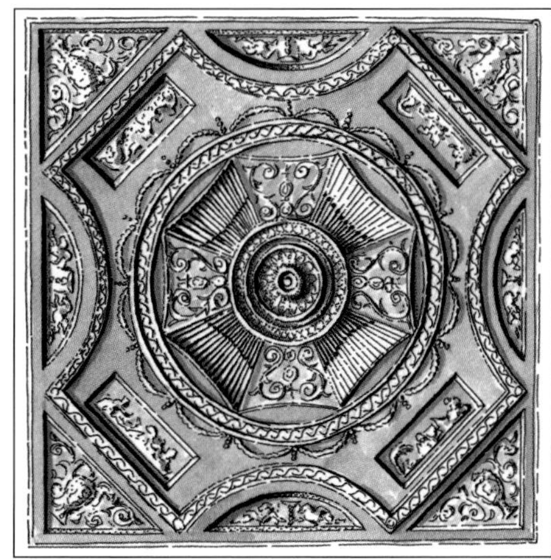

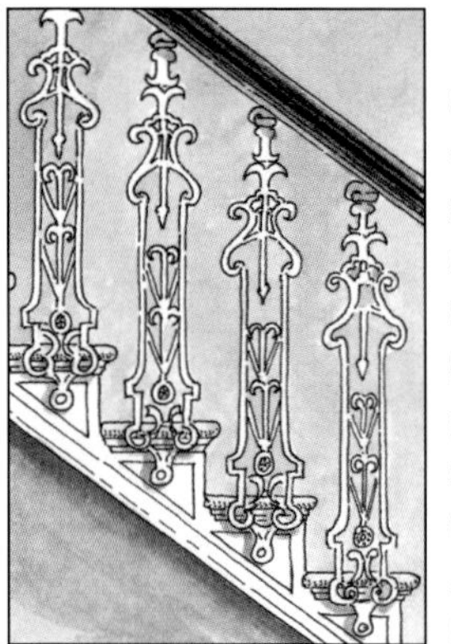

〈그림 4.9〉 계 단 : 이 시대에는 디딤판 하나에 난간동자를 3개씩 세운 브리지보드(그림 3.7) 계단이 널리 보급되었다. 난간동자는 전 시대와 비슷하지만 더 가늘어지고, 목선반 가공을 하지 않은 부분이 길고 심플한 디자인으로 바뀌었다. 고급 주택에서는 그림과 같이 주철(P.17)이나 연철(주철보다 탄소의 함유량이 적고 단단한 철 합금-역주)로 장식적인 난간동자를 만들고 색을 칠하거나 금박을 입히는 것이 1760년대부터 유행하기 시작했다.

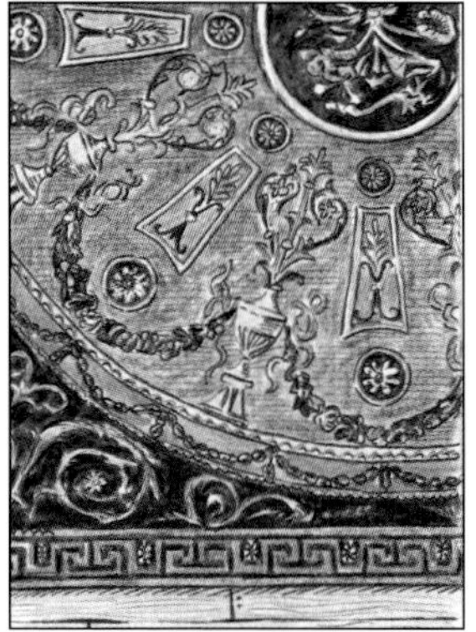

〈그림 4.11〉 바닥 : 18세기 말, 일부 고급 주택에서는 바닥을 전부 카펫으로 덮었을 가능성이 있다. 하지만 이런 방식은 여러 개의 카펫을 방 안에서 일일이 이어 완성해야 하는 데다 비용도 많이 들어 유행이 오래가지 못했다. 이 시기에는 영국 내에서도 러그와 커다란 카펫이 생산되었다. 가장 고가는 액스민스터 카펫이었으며, 그보다 조금 저렴한 것으로는 윌턴과 키더민스터 카펫이 있었다. 이런 카펫은 천장의 무늬를 본뜨거나(그림 4.8) 방 안의 다른 장소에 사용되는 모티브를 집어넣는 등 위쪽 그림과 같이 인테리어 디자인의 조화를 고려한 새로운 사고방식을 반영하고 있었다. 수입 카펫이나 색을 칠해 만든 저렴한 직물 또는 유포(油布, 기름 등으로 처리한 두꺼운 방수포-역주) 등도 계속 사용되었다. 아무것도 깔지 않은 바닥에는 짙은 갈색이나 목조 세공한 벽 색깔과 같은 색을 칠했다.

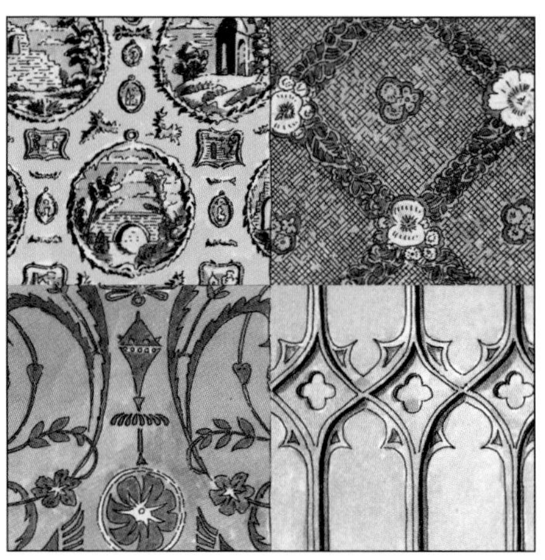

〈그림 4.10〉 벽지 : 벽지는 계속해서 직물의 문양을 모방했다(오른쪽 상단). 1760~70년대에 인기가 끌었던 풍경을 그린 벽지(왼쪽 상단). 이 시기 말경에는 심플한 디자인도 사용되었다(왼쪽 하단). 중국풍이나 고딕 양식의 디자인(오른쪽 하단)이 최신 유행이었으나 보통은 특정 방에만 사용하고 집 전체에 채용하지는 않았다. 벽에 색을 칠할 때 이전 시대의 탁한 색상의 도료가 아닌 더 밝고 다양한 종류의 색상을 선택할 수 있게 되었다. 연녹색, 웨지우드 블루(도자기 제조사인 웨지우드사가 개발한 회색빛을 띤 파란색-역주)라고도 불리는 회청색, 연회색, 베이지색, 핑크색 또는 '스톤(stone)'이라고도 불리는 회색빛을 띤 연갈색 등이 인기였다. 이런 도료는 이전 시대와 달리 광택이 없는 매트 가공을 했다. 코니스를 포함한 몰딩에는 모두 같은 색을 칠했지만, 다도 레일은 흠집을 가리기 위해 짙은 갈색으로 칠했을 수도 있다. 폼페이안 레드(pompeian red)는 고대 로마 시대의 도시 유적에서 발견된 색(회색빛을 띤 빨간색-역주)으로 당시 인기가 있는 색상이었다. 하지만 최근 연구 결과에 따르면 폼페이안 레드는 실제 존재하지 않았다는 사실이 밝혀졌다. 실제 색상은 노란색으로, 화산 분화로 생긴 열로 붉게 바뀐 것이었다!

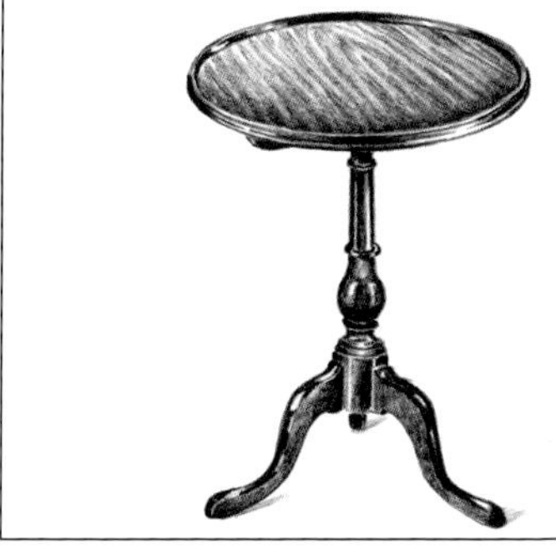

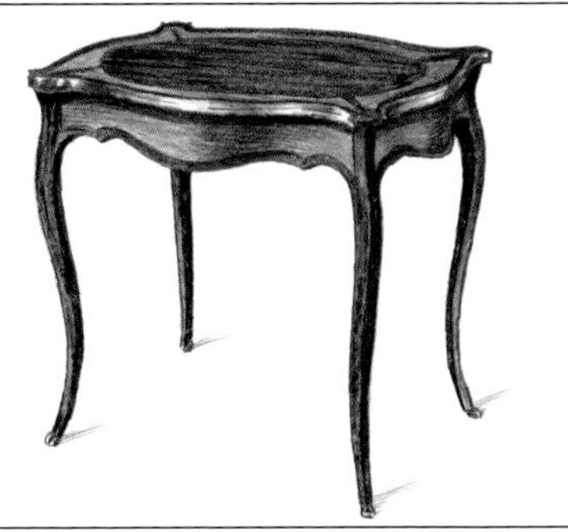

〈그림 4.12〉 가구 : 마호가니재 삼각(三脚) 탁자(왼쪽). 토머스 치펜데일의 새로운 디자인으로, 이 시대에 인기를 끌었다. 우아한 곡선의 다리가 특징인 사이드 테이블(오른쪽). 치펜데일이 활동하던 후기는 시누아즈리가 유행하던 시대로 투각한 뇌문 문양이나 중국풍 불탑(pagoda) 등의 특징이 나타난다. 하지만 1763년 7년전쟁(1756~63년 영국·프로이센과 오스트리아·러시아·프랑스 간에 일어난 전쟁-역주)이 종결되자 프랑스 양식이 주목을 받기 시작했다. 치펜데일 이후 애덤 형제가 인테리어 디자인에 영향력을 행사하긴 했지만, 더 직접적으로는 조지 헤플화이트(George Hepplewhite), 토머스 셰러턴(Thomas Sheraton) 같은 일류 디자이너들이 출간한 패턴 북을 통해 유행이 퍼져나갔다. 마호가니재는 고급 주택에서는 여전히 가장 인기 있는 목재였지만, 다른 원산지를 통해 전보다 가벼운 목재가 들어오면서 고급 가구를 만들 때 나뭇결무늬가 있는 얇은 널을 덧붙이는 것도 가능해졌다. 1770년대부터는 일반적인 목조 세공 가구의 인기가 사그라졌다. 밝은 색의 새틴 우드(satin wood)를 이용한 상감 장식(그림 1.13) 가구(오른쪽 상단)가 인기를 끌었다. 1780년대 말에는 가구에 색을 칠해 장식하는 것이 잠시 유행했다. 이 무렵 침실에서 마호가니재 가구를 사용했을지도 모른다. 오래된 가구는 침실로 옮겨 사용하는 관습이 있었기 때문이다. 하지만 일류 가구 공방에는 다리가 달린 서랍장(commode)이며 세면기 받침대 혹은 탈의실(dressing room)에 둘 작은 가구 등의 주문이 쇄도했다.

〈그림 4.13〉 애덤 형제의 가구 : 애덤 형제는 가구를 직접 만들지는 않았지만 가구 디자인에도 크게 영향을 미쳤다. 헤플화이트와 셰러턴도 애덤 형제의 디자인 요소를 좀 더 저렴한 자신들의 제품에 적용했다. 애덤 형제는 의자 등받이에 고대 그리스의 항아리나 리라의 형태를 사용하고, 의자 다리는 섬세한 곡선 또는 사각 형태로 만들었으며, 끝부분은 스페이드(spade) 모양으로 마무리했다. 장식은 인동덩굴(honeysuckle), 곡물의 껍질(husk), 원형 또는 타원형, 접시처럼 생긴 그리스 잔(paterae), 오목하게 홈을 판 플러팅(fluting) 등을 이용했다. 의자의 등판도 원형, 타원형, 방패형으로 만들어 천을 씌우기도 했다. 애덤 형제는 가구에 색을 칠해 완성하는 유행에도 일조했다. 실제 그들이 손댄 인테리어 디자인 세트 중에는 소재 본연의 색으로 완성된 가구가 거의 포함되어 있지 않은 경우도 있다. 로버트 애덤은 1792년, 동생 제임스 애덤은 1794년에 세상을 떠났다. 하지만 그 후로도 오랜 세월 동안 그들의 영향은 계속되었다.

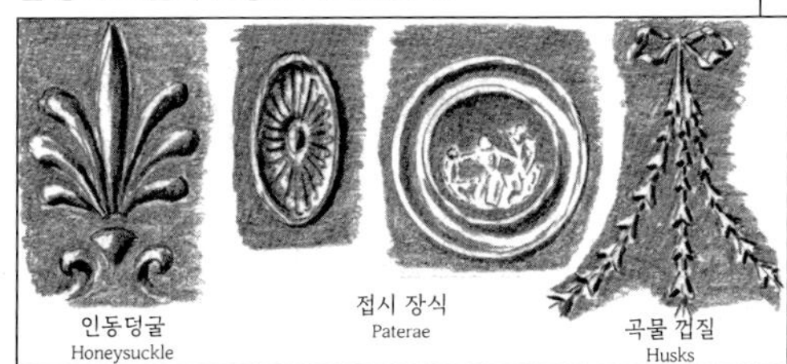

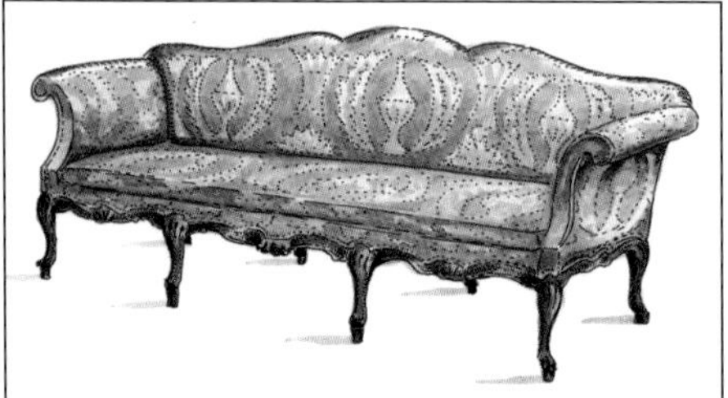

〈그림 4.14〉 소파 : 튜더 왕조나 스튜어트 왕조 시대의 주택은 쾌적함 면에서는 거의 절망적이었다. 긴 의자(bench)나 등받이가 없는 의자(stool), 아니면 직각의 등받이와 둘 혹은 그 이상이 앉는 좌석이 좁고 긴 의자(settle) 정도밖에 선택의 여지가 없었다. 이런 의자는 17세기 말 쿠션을 넣은 소형 긴 의자(settee) 또는 긴 의자(long seat)로 진화했다. 조지 왕조 시대에 인기를 모은 것은 의자와 같은 등받이가 달린 소형 긴 의자(chairback settee)로, 그 이름 그대로 목재 의자의 등판을 2개 이상 쿠션을 넣은 긴 좌석 뒤쪽에 붙여서 만든 것이었다. 소파라는 명칭은 아라비아어 '사파(suffa)'에서 유래한 것으로, 쿠션을 넣은 긴 좌석을 뜻한다. 이 소파가 처음 등장한 것은 1700년대 초반으로 전체적으로 쿠션을 넣은 소형 긴 의자의 대형이라고 볼 수 있다. 위쪽 그림은 18세기 말의 소파.

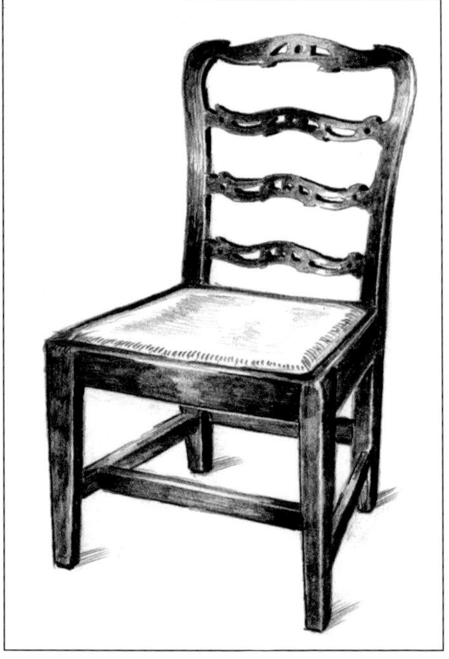

〈그림 4.16〉 전원풍 가구 : 일찍이 전원 지역에서는 그 지역에 뿌리내린(vernacular) 디자인의 오크재 가구가 만들어졌다. 하지만 이 시대에는 지방에서도 유행 디자인을 모방한 가구로 바뀌어갔다. 흔히 등받이 부분에 도시 지역의 유행을 채용했다. 위 그림의 18세기 말 의자도 마찬가지였다. 이 사다리 모양의 등받이는 북부 지방에서 인기가 있었다.

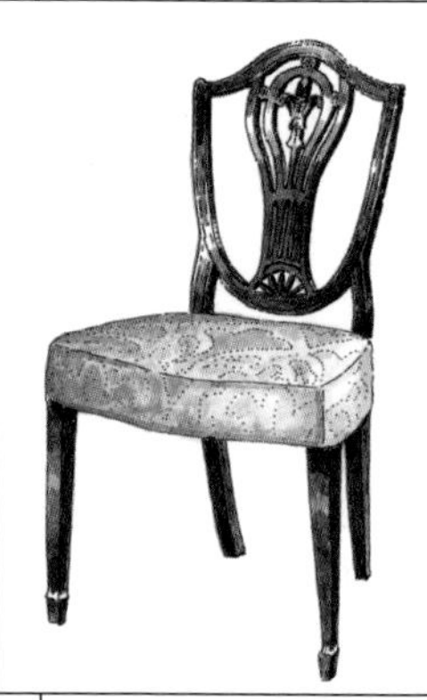

〈그림 4.15〉 헤플화이트 가구 : 조지 헤플화이트가 1760년대 런던에 오기 이전의 활동에 대해서는 거의 알려져 있지 않다. 실제 그가 가구 생산을 지휘하던 기간은 길지 않았으며, 1786년에는 세상을 떠났다. 일류 가구 디자이너로서의 명성과 다른 가구 제조업자에 대한 영향력은 그가 세상을 떠난 후 그의 아내가 1788~89년에 걸쳐 『가구 제조업자와 실내 장식업자를 위한 지침서(Cabinet-Maker and Upholsterer's Guide)』를 출간하면서 구축되었다. 이후로도 그의 아내는 헤플화이트의 이름으로 가구 제조업을 하며 성공을 거두었다. 헤플화이트풍 의자는 방패 모양의 등받이가 특징으로, 왼쪽 그림과 같이 영국 왕세자의 문장인 깃털 문양을 넣은 것도 많다. 하지만 헤플화이트 본인은 짧은 받침 기둥 위에 타원형, 하트형, 바퀴형 등받이를 얹는 디자인도 즐겨 사용했다. 또 반으로 자른 바퀴형 도안을 등받이 아래쪽에 넣는다거나 곡선으로 이루어진 부품과 거기에 딱 맞는, 끝으로 갈수록 점점 가늘어지는 다리를 즐겨 채용했다.

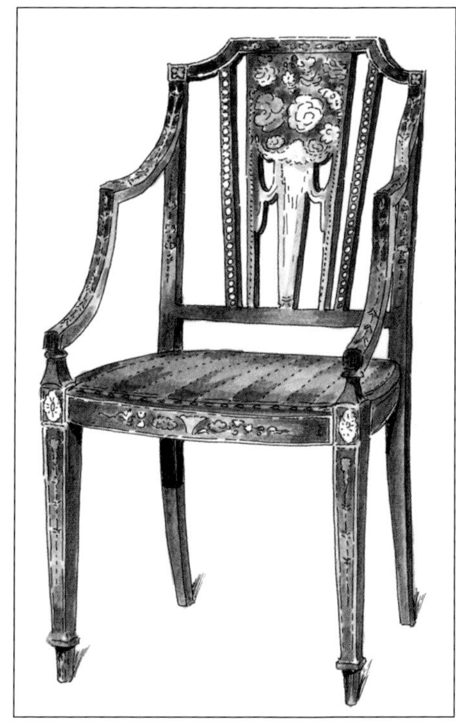

〈그림 4.17〉 셰러턴 가구 : 1750년경 태어난 셰러턴은 청년 시절 침례교(유아 세례를 부정하고 성인의 자각에 의한 신앙을 중시하는 교파. 영국 국교회에서 분리했다-역주) 선교사였다. 그가 1780년대 런던에서 시작한 가구 디자인에도 청교도적인 검박함이 느껴진다. 셰러턴은 곡선보다 직선을 선호했다. 의자 등받이와 등받이 상부의 가로목 그리고 끝이 골무처럼 생긴 다리와 팔걸이가 시작되는 부분의 받침 기둥도 직선이었다. 셰러턴은 등받이 아래쪽에 늘 가로목을 넣어 시트와 가로목 사이에 공간이 생겼다. 그 때문에 형태에 제한이 생겼지만, 그가 만든 의자는 우아하고 장식적이었다. 새틴 우드를 짜 맞춘 상감 세공에 그림을 그려 마무리했다. 셰러턴은 가구에 그림을 그리는 아이디어를 적극 활용했다. 경재(hardwood, 오크, 마호가니 등의 단단한 목재로 고급 가구에 사용된다-역주)를 사용할 때는 왼쪽 그림과 같이 그렸다. 연재(softwood)의 경우에는 전체를 흰색이나 녹색의 니스로 칠하고 짙은 색 또는 금색으로 강조하는 방식을 사용했다. 그의 디자인은 『가구 제조업자와 실내 장식업자를 위한 도안집(The Cabinet-Maker and Upholsterer's Drawing-Book)』(1791~94년)의 출간으로 널리 보급되었다고도 할 수 있다. 셰러턴은 1806년 세상을 떠났지만, 그 후의 섭정 시대에도 그의 디자인은 계속해서 강한 영향력을 미쳤다.

〈그림 4.18〉 조명 : 오늘날 지난 시대의 조명이 얼마나 어두웠는지 상상하는 것은 쉽지 않은 일이다. 이 시대에도 대부분의 사람들은 양초와 골풀 양초(rushlight) 등의 어슴푸레한 빛에 의지할 수밖에 없었다. 골풀 양초는 그 이름 그대로 골풀에 수지(獸脂)를 적셔 만든 것으로 냄새가 심하고 금방 타버린다. 한편 밀랍 양초는 부자들만 구할 수 있는 고가의 물건이었다. 이런 상황을 개선하기 위해 벽에 돌출형 촛대(sconce)를 달고 뒤쪽에 거울을 놓아 빛을 투사함으로써 밝기를 증폭시켰다. 돌출 촛대는 나뭇가지 모양의 칸델라브라 촛대 또는 샹들리에와 디자인을 통일했다. 백랍(pewter, 주석이 주성분인 납 합금-역주), 유리, 은, 도자기 등의 가늘고 긴 촛대는 1750~60년대에 인기가 있었다. 1770년대에는 세로 골을 판 코린트식 원기둥 디자인이 등장했으며, 1790년대에는 굵은 철제 촛대나 광택을 낸 금속 촛대가 유행했다. 그 밖에 빛을 얻는 방법으로 오일 램프가 있었는데, 당초에는 전체적으로 빛이 약하고 지저분했기 때문에 1780년대 새로운 타입의 아르간 램프가 등장했을 때는 성능이 대폭 개선되었다. 이 램프는 심지 주변에 공기가 잘 흐르도록 설계되었다. 유채 기름, 올리브유, 야자유 등을 담는 용기를 불꽃보다 위쪽에 만들어 중력에 의해 연료가 잘 흐르도록 했다. 오른쪽 그림도 이런 설계를 적용한 19세기 초두의 촛대이다.

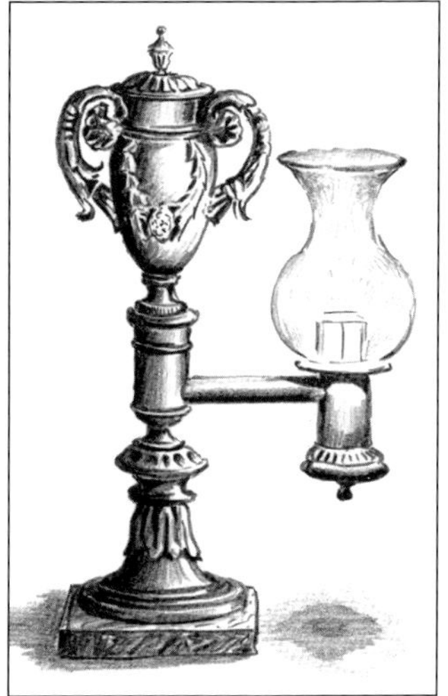

제 5 장

섭정 양식
Regency Style

1800~1840

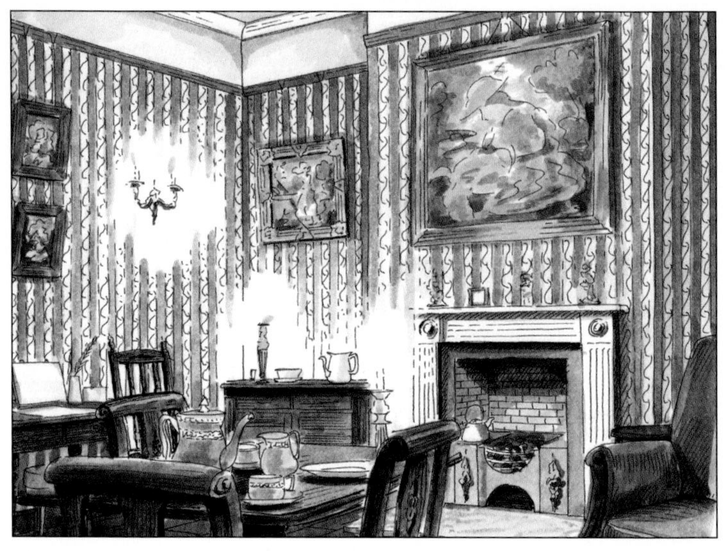

〈그림 5.1〉 가족 공간 : 대형 테라스하우스 1층에 마련된 개인 공간. 집주인 일가가 오락 또는 가벼운 식사를 하거나 편지를 쓰거나 책을 읽을 때 사용했다. 줄무늬 벽지, 세로 골 무늬의 난로 프레임, 자유로운 가구 배치 등 섭정 시대 인테리어의 특징이 잘 나타나 있다.

조지 4세가 실제 섭정 왕세자(prince regent)였던 시대는 1811~20년 동안에 불과하지만 건축과 인테리어 디자인에서의 섭정 양식(regency style)은 명확한 특징이 있기 때문에 이 용어가 적용되는 범위는 실제 역사상의 기간보다 더 넓은 1800~30년대, 경우에 따라서는 더 이후의 시기까지 포함하기도 한다. 이 수십 년의 기간을 경박함 또는 퇴폐성(décadence)과 연관 짓기도 하는데, 이는 주로 왕세자에 대한 동시대 사람들의 평가가 영향을 미쳤다(조지 4세는 낭비가, 향락가로 유명했다-역주). 하지만 실제 당시 사회는 커다란 위협에 직면하고 있었다. 무엇보다 나폴레옹 그리고 대불전쟁의 여파 때문이었다. 영국 내에도 혁명이 퍼질지 모른다는 공포는 전쟁에서 돌아온 병사들이 일자리를 구하지 못하는 상황이 되자 점점 더 고조되었다. 이런 세태는 상류계급 사람들이 더 품위 있고 박애적인 자신들의 이미지를 알려야 한다고 느끼게 하는 계기가 되었다. 그리고 국정 지배자들에게는 인구의 다수를 점하는 하위 계급에까지 다양한 권리를 제공해야 한다는 부담감으로 작용했다. 그리하여 강한 영향력을 지닌 새로운 중류계급이 발전하게 되었다.

나폴레옹과의 전쟁이 미친 영향 중 하나로, 유럽으로 그랜드 투어를 떠나는 관습이 갑작스럽게 중단된 것을 들 수 있다. 귀족 청년들은 그랜드 투어 대신 자국의 풍경이나 중세의 폐허에 관심을 보였다. 한편으로는 한창 성장세를 보이던 대영제국 식민지와의 무역을 통해 더 먼 외국 문화에 눈을 돌렸다. 예를 들어 애국적 긍지를 담아 강력한 성채 스타일의 대저택을 짓는 사람이 있는가 하면, 코티지 오르네(cottage orné, 그림같이 아름답게 디자인된 19세기 영국의 작은 별장-역주)나 튜더 양식의 시골풍 주택이 모여 있는 마을을 새롭게 만드는 사람도 있었다. 극히 일부지만 극동이나 고대 이집트 취향을 채용한 독특한 건물을 짓는 사람도 있었다. 이런 양식은 전통적인 고전 양식의 영향을 받은 주택과는 완전히 달랐다. 고전 양식의 영향을 받은 주택은 회반죽으로 매끄럽게 도장한 후 잘 다듬어 석재처럼 보이는 색을 칠해 완성했다. 이런 유형의 주택이 이 시대에 새롭게 조성된 주택지에서 다수를 점했다. 런던 교외나 첼트넘(Cheltenham, 영국 잉글랜드 중부 글로스터셔주 중북부의 도시-역주)이나 리밍턴(Lymington, 영국 잉글랜드 햄프셔주에 있는 도시-역주) 같은 온천 도시, 그리고 브라이턴(Brighton, 영국 잉글랜드 남동부 이스트서식스주의 도시-역주)으로 대표되는 해안가의 리조트지 등에 맹렬한 속도로 지어졌다.

단독주택(detached house)과 이 시기에 처음 등장한 2세대 주택(semi-detached house)인 빌라(villa)는 점차 현대적인 구조에 가까워졌다. 현관홀(entrance hall) 좌우에 식당과 응접실이 있고, 침실은 위층에 있었다. 규모가 더 큰 테라스하우스는 1층 바닥이 수 피트(1피트는 30.48cm-역주) 정도 높았기 때문에 문까지 가려면 계단을 올라가야 했으며, 그 아래에는 반지하층이 만들어지면서 사용인들의 공간보다 채광과 환기를 더 많이 확보할 수 있게 되었다. 집 밖의 환경을 집 안으로 들이는 유행이 퍼지면서 벽 전체 높이의 여닫이 창이나 프랑스 창(french window, 출입이 가능한 쌍여닫이 창-역주)을 주요 층 양 끝에 달기도 했다. 주의 깊게 위치를 선정한 거울을 통해 관엽식물이나 외부에서 들어오는 빛을 투사하고, 활 모양으로 돌출된 출창(出窓)을 통해 실내에서 멋지게 차려입은 행인들의 모습을 바라볼 수 있었다.

천장은 조금씩 높아져 조지 왕조 시대 초기보다 30cm가량 차이가 났다. 가구와 집기는 세련된 도안이나 무성한 식물 따위로 장식하기도 했지만, 이 시대의 디자인은 곡선보다 직선이 유행이었다. 전쟁이 있었음에도 프랑스 제정(Empire) 양식이 인테리어에 크나큰 영향을 미쳤다. 이 유행은 19세기 초『고대 건축 장식의 에칭집(Etchings of Ancient Ornamental Architecture)』이 출간되면서 사용할 수 있는 고전 양식 장식의 종류가 크게 늘어나고 나폴레옹의 원정으로 고대 이집트의 유물이 발견된 것도 원인이 되었다. 이렇게 폭넓은 표본 외에도 이 시대에 새롭게 추가된 요소로 화려한 색조와 줄무늬 벽지 그리고 직물이 있었다. 이전 시대에 이어 가짜 소재를 사용하는 것도 허용되었다. 대개 그림을 그려 넣거나 색을 칠하거나 표면

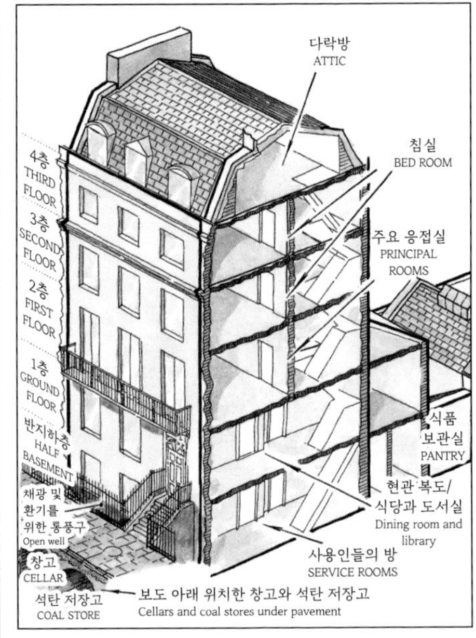

〈그림 5.2〉 섭정 시대의 대형 테라스하우스의 투시도. 반지하층 구조로, 지하실보다 채광이 좋아졌다. 사용인들이 일하는 공간은 용도에 따라 구분되었기 때문에 위 그림의 주택의 경우 주방은 집 뒤편 식품 보관실(pantry) 뒤에 독립된 건물에 위치했다. 2층 발코니와 프랑스 창에도 주목.

에 나뭇결무늬를 그리는 식이었다. 진짜 소재는 상류층 저택에만 사용되었다.

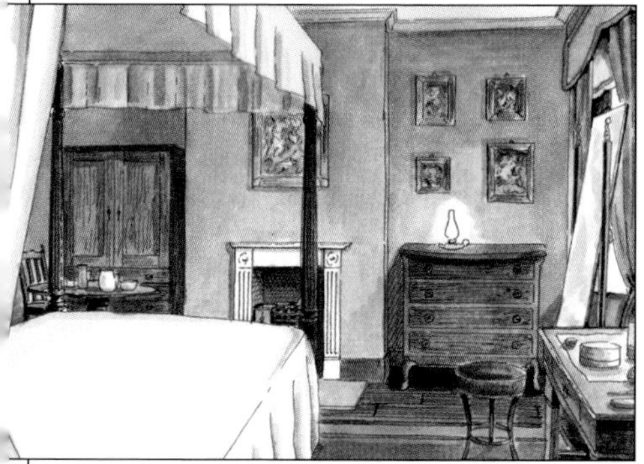

〈그림 5.3〉 침실 : 섭정 시대의 커다란 침실. 4주식 침대에는 세로 골 무늬의 원기둥이 사용되었다. 옷장에는 서랍이 달려 있으며, 옷을 그대로 걸 수 있을 정도의 공간은 없다. 흰색 침대보는 이 시대에 보급된 것으로, 부족한 색조를 맞추기 위해 벽은 파란색이나 노란색이 주로 쓰였다. 실내에 독립된 탈의실이 없는 경우엔 침실에 세면대를 두고 사용했다. 이 목재 세면대는 위쪽에 여닫을 수 있는 뚜껑이 달려 있어 세면기를 가릴 수 있었다.

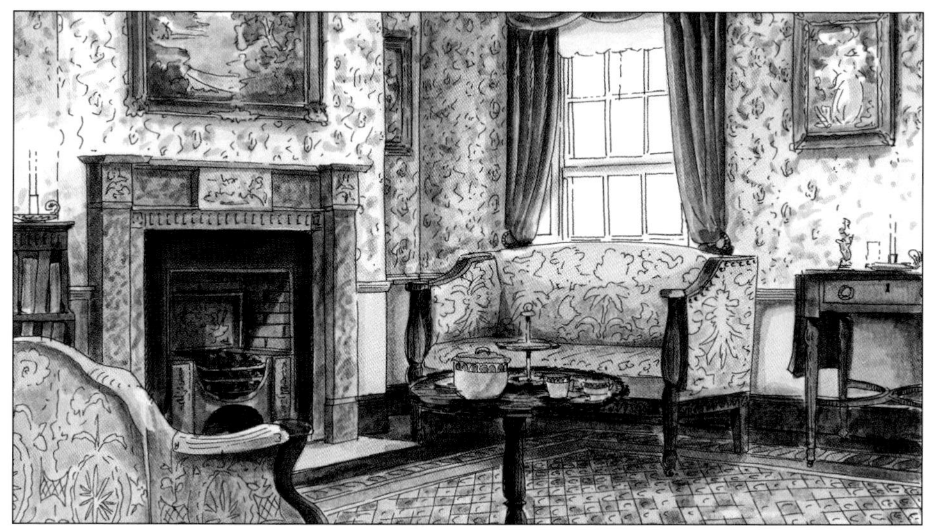

〈그림 5.4〉 응접실 : 이 시대에는 식사를 마치면 남성들은 식당에 머물고 여성들은 여성적인 특징으로 꾸민 응접실로 자리를 옮기는 관습이 있었다. 이 시기에는 여성들의 의상도 상당히 간소화된 후라 가구도 쉽게 움직일 수 있는 것으로 바뀌었던 것 같다. 결과적으로 가구로부터 벽을 보호하는 다도 레일은 계속 사용되었다. 쿠션을 넣은 푹신한 의자, 소형 긴 의자(settee), 소파, 안락 긴 의자(chaise longue, 그림 5.18), 상판 양끝이 접히는 낮은 소파 테이블, 베네치아의 줄무늬 카펫 등이 이 시기에 인기가 있었다.

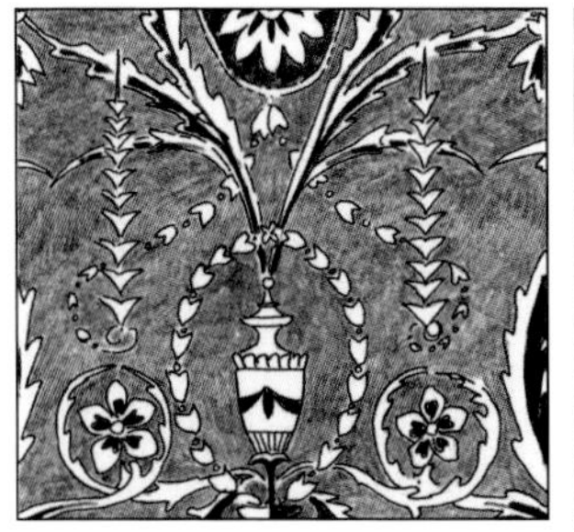

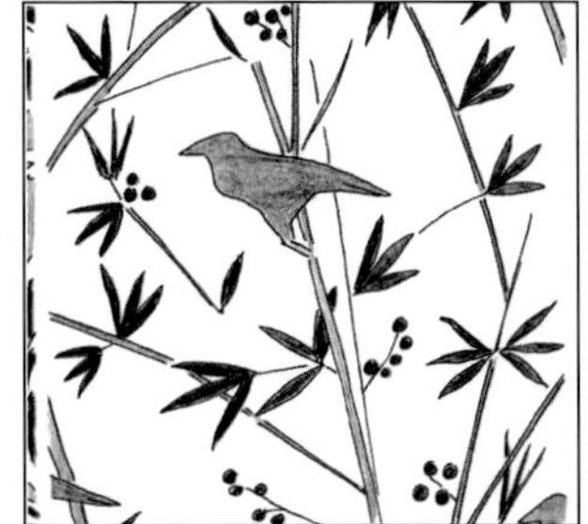

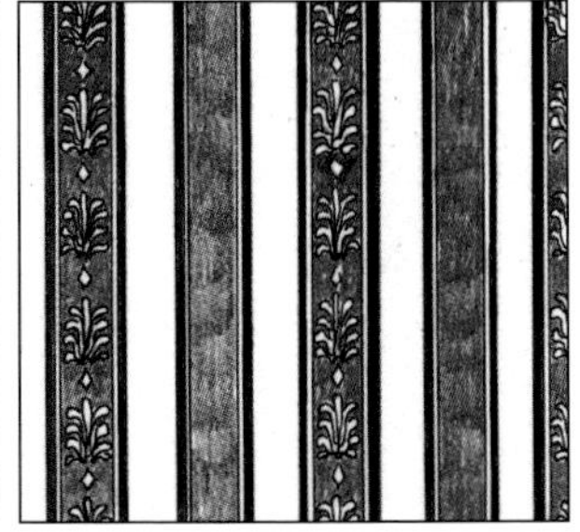

〈그림 5.5〉 벽 : 벽지의 인기가 높아졌다. 벽지는 상단 그림과 같이 직물의 장식적인 무늬를 모방해 만들어졌다. 플록 가공(그림 3.10)이나 친츠(P.85)와 비슷한 물결무늬가 있는 무아레(moiré), 선명한 줄무늬 장식 벽지가 이 시대의 특징이다. 짙은 색 벽 위에 그림을 그려 장식하거나 금박을 사용하기도 했다. 식당에는 밤색 또는 오렌지색이 섞인 빨간색, 도서실이나 응접실에는 녹색이 인기가 있었다. 감청색(royal blue)이나 유황색도 사용되었다. 몰딩은 벽과 같은 색으로 칠하는 경우도 있고, 흰색 바탕에 금색을 이용해 세밀한 장식을 넣기도 했다. 색조를 고려하게 되면서 제각각이었던 카펫과 커튼 혹은 소파와 의자에 씌우는 직물 등의 색과 문양을 벽과의 조화를 생각해 꾸미게 되었다.

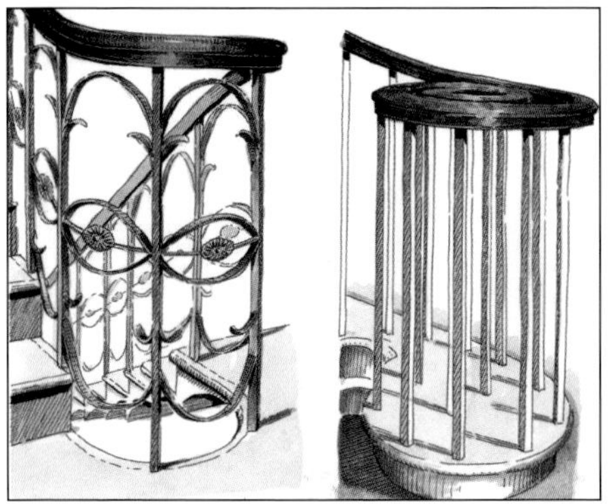

〈그림 5.6〉 계단 : 장식이 없는 사각형 난간동자와 짙은 색상의 목재 난간 끝부분에 있는 소용돌이 장식(오른쪽)으로 섭정 시대의 계단이라는 것을 분명히 알 수 있다. 간혹 장식적인 금속 세공을 한 계단도 있었다(왼쪽). 계단 꼭대기 지붕에는 천창(天窓)을 달았다.

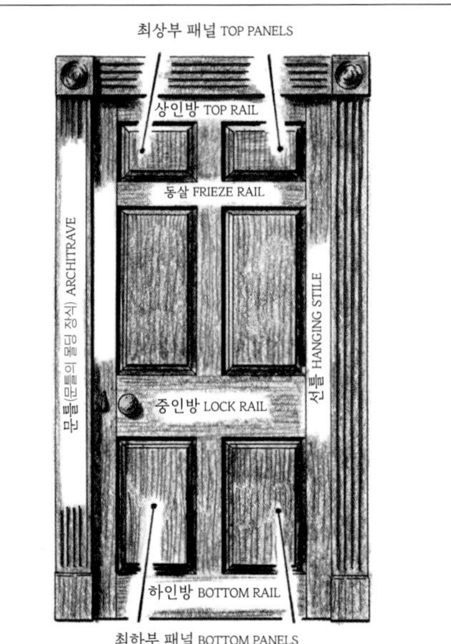

〈그림 5.7〉 문 : 섭정 시대의 6장 패널을 붙인 문. 그림에 각 부분의 명칭을 나타냈다. 홈을 파서 장식한 문틀과 좌우 상단 끝부분의 불스 아이(bull's eye, 동심원 형태의 장식-역주) 장식이 섭정 시대의 분명한 특징으로, 이런 장식은 문틀 외에 난로에도 사용되었다. 타원형 또는 원형의 금속 손잡이와 황동으로 된 밑판(hand plate, 문에 지문이 묻는 것을 방지하기 위해 부착한 금속판-역주)을 다는 것이 인기가 있었다. 열쇠는 당초 문 표면에 달아서 사용했으나 이 시대 말경에는 문 내부에 꽂아 잠그는 타입이 보급되었다. 당시 사람들이 사생활을 중시하게 되었다는 것을 나타낸다.

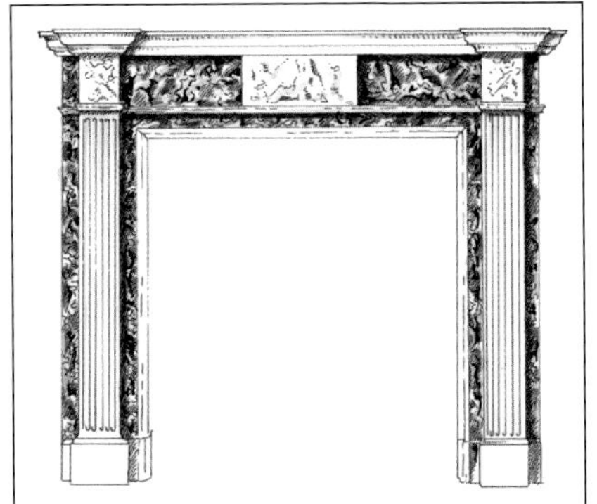

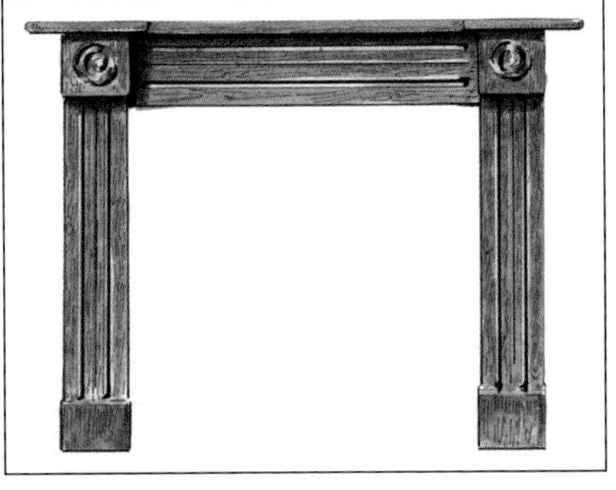

〈그림 5.8〉 난로 프레임 : 난로 프레임은 대리석 또는 경재를 사용하거나 연재에 색을 칠해 만들었다. 왼쪽 그림과 같은 고전 양식 디자인이나 오른쪽 그림처럼 불스 아이가 장식된 것이 일반적이었다.

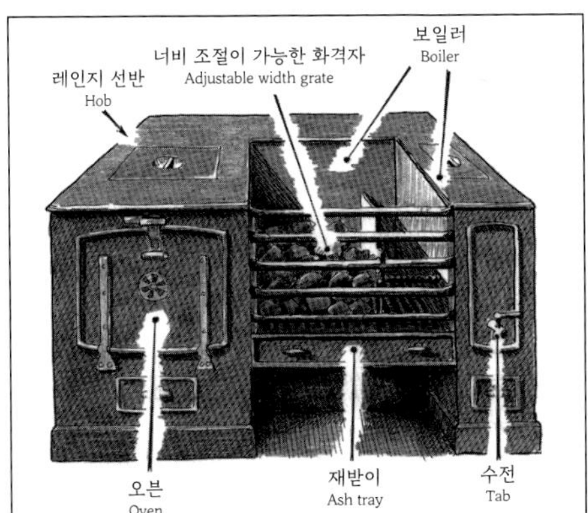

〈그림 5.9〉 레인지 : 주철(그림 2.5) 레인지는 18세기에 만들어지기 시작했다. 폭을 조절할 수 있는 화격자 옆에 오븐을 설치하고 반대쪽에는 보일러를 장치한 타입이 처음 등장한 것은 1780년대의 일이었다. 섭정 시대에는 보일러를 화격자 뒤쪽까지 넓혔다. 그래서 왼쪽 그림과 같이 화격자의 폭을 좁게 조절해 사용할 때도 계속해서 보일러를 이용할 수 있었다. 이런 기본적인 방식의 개방식 레인지는 탄광 부근의 지역이나 대도시에서 볼 수 있었다.

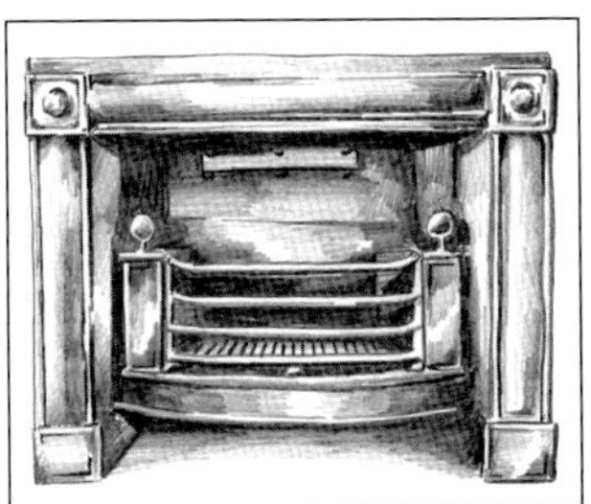

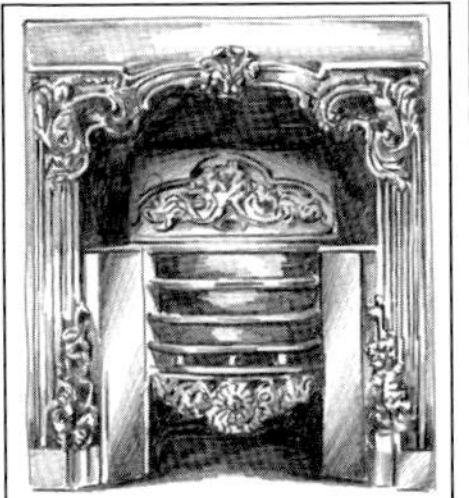

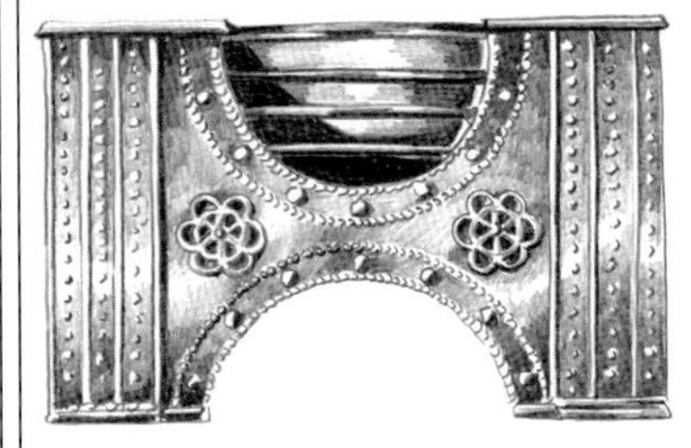

〈그림 5.10〉 화격자 : 위 그림의 왼쪽과 중앙의 예처럼 굴뚝으로 이어지는 통로를 막아 통기를 조절할 수 있는 통풍 조절 덮개가 달린 주철 화격자(register grate)는 이 시기에 보급되었다. 1797년 럼퍼드 백작이 석탄을 효율적으로 태우는 방법을 고안해냈다. 화격자의 바구니 위치를 낮추고 굴뚝으로 이어진 입구를 좁힌 후 불은 좀 더 앞쪽으로 나오게 해 좌우 벽을 비스듬히 넓힘으로써 더 많은 열을 반사시켜 실내로 내보내는 것이다. 하지만 이런 방법 중 널리 도입된 것은 마지막 두 가지뿐이었다. 선반형 화격자(그림 4.6)는 계속해서 인기가 있었으며, 위 그림 중 맨 오른쪽의 화격자에도 설치되었다.

〈그림 5.11〉 가구 : 섭정 시대에는 매우 폭넓은 스타일의 가구가 만들어졌다. 특히 1830년대에는 장식이 적고 18세기에 비해 표면이 간결한 스타일로 바뀌었다. 헤플화이트풍의 곡선이나 소용돌이 문양은 19세기 초 10년 사이에 우아하게 뻗은 직선 형태로 바뀌었다. 하지만 다리는 여전히 사벌(sabel, 서양식 칼)과 같이 완만한 곡선 형태로(그림 5.12, 5.13) 오른쪽 그림처럼 활 모양으로 돌출된 형태의 가구에 즐겨 사용되었다. 나폴레옹과의 전쟁이 있었음에도 앙피르(Empire) 양식은 영국 디자이너들에게 분명한 영향을 미쳤다. 폼페이와 그리스 그리고 이집트에서 새롭게 발굴된 고전 양식의 영향을 받은 앙피르 양식의 화려하고 강렬하며 다채로운 디자인이 영국에 들어오면서 잉글리시 엠파이어 양식이 탄생했다. 이 무렵에 출판물의 영향으로 고전 양식의 올바른 형태와 장식이 사용되었다. 1799~1800년 『고대 건축 장식의 에칭집』이 출간되고 1807년에는 토머스 호프(Thomas Hope)가 『가정용 가구와 실내 장식(Household Furniture and Interior Decoration)』이라는 책을 출간했다. 호프는 진짜 고대 가구를 표본으로 날개 달린 동물이나 리라 혹은 이집트의 두상(頭像) 등을 장식에 사용했다. 다만 이집트의 장식적인 스타일이 인기를 끈 것은 주로 19세기 초의 10년 정도였다. 이런 선화와 디자인은 좀 더 대중적인 중류계급 고객을 대상으로 다소 완화된 형태로 전파되었다. 1803년 『가구 사전(The Cabinet Dictionary)』을 출간한 셰러턴은 1804~06년에 걸쳐 『가구 제조자와 예술가를 위한 백과사전(The Cabinet-Maker, Upholsterer, and General Artist's Encyclopaedia)』을 출간했으며, 1808년에는 조지 스미스(George Smith)가 『가구와 실내 장식 디자인 콜렉션(A Collection of Designs for Household Furniture and Interior Decoration)』을 출간했다. 시누아즈리의 유행은 계속되었으며, 검은색과 금색의 옻칠 장식이 인기를 끌었다. 마찬가지로 인도나 고딕 스타일의 가구도 관심을 받았다. 이렇게 이국풍 또는 국내 문화적 요소를 고전 양식 가구에 가미한 디자인도 보급되었다. 섭정 양식 가구는 주로 마호가니재가 사용되었으며, 무늬목(veneer)으로는 로즈우드(rosewood)나 제브러우드(zebrawood, 줄무늬 목재 특히 열대 아메리카, 아시아, 동아프리카 원산의 콘나루스과 나무-역주)를 사용했다. 황동을 상감한 정교한 장식도 널리 사용되었다(그림 5.12).

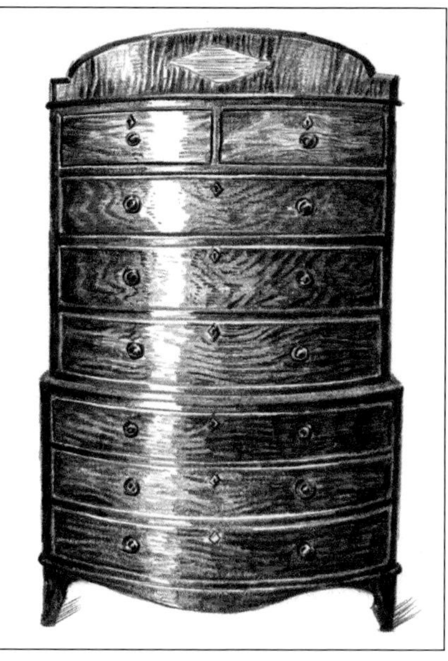

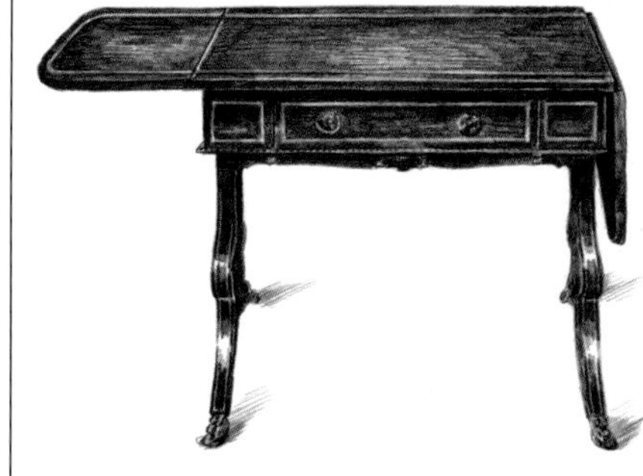

〈그림 5.12〉 소파 테이블 : 이 시대에는 나른하게 쉴 수 있는 가구가 인기를 모았다. 고급 주택에서는 등받이가 낮고 끝 부분이 소용돌이 형태로 된 소파가 필수 아이템이었다. 소파 옆에는 섭정 시대에 새롭게 등장한 소파 테이블을 놓았다. 접이식 상판(flap)이 놓인 낮은 탁자로 곡선 형태의 다리에는 사자의 발톱을 본뜬 바퀴(caster)가 달려 있었다. 이 바퀴를 이용해 간단히 이동할 수 있게 되었다.

〈그림 5.13〉 다이닝 테이블 : 섭정 시대에는 테이블을 식당 중앙에 두고 사용했기 때문에 접이식 상판이나 삽입식 확장 상판이 꼭 필요하진 않았지만 계속해서 사용하는 집도 있었다. 최상품은 오른쪽 그림과 같이 묵직한 받침대(pedestal)가 황동 바퀴가 달린 복수의 사벨형 다리에 놓여 있었다. 장방형 상판의 경우 받침대가 2개, 원탁은 1개의 받침대를 사용했다. 이런 다리 형태는 크기가 작은 사이드 테이블에서도 볼 수 있었다.

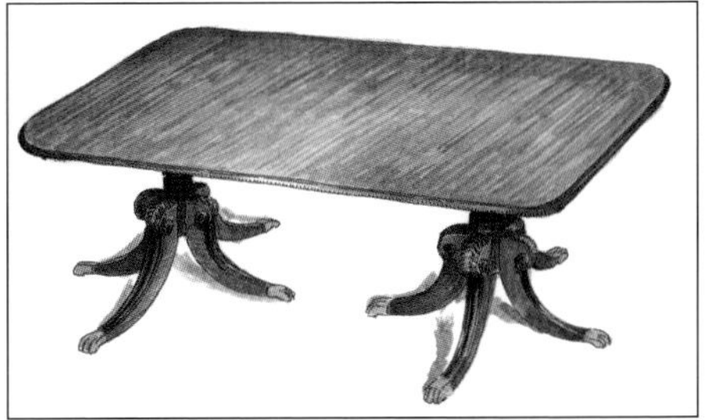

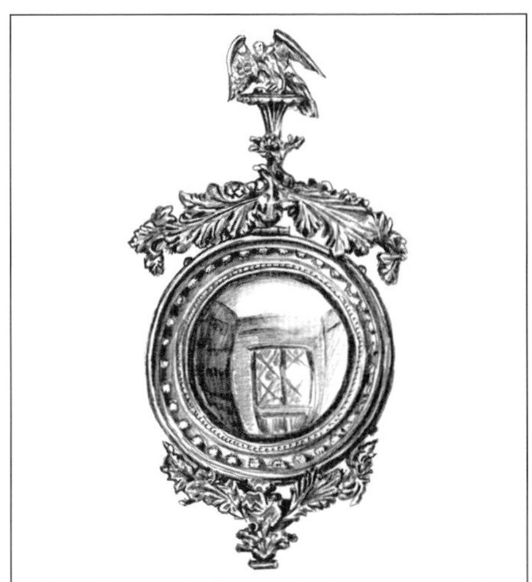

〈그림 5.14〉 거울 : 볼록한 유리를 금박을 씌운 회반죽 세공 또는 목조 세공 프레임에 끼우고, 가장자리에는 구 모양의 장식을 배열한 원형 거울은 섭정 시대의 특징이다. 포도송이나 심플한 월계수 잎 장식(water leaf) 등 자연을 표현한 장식은 이 시대 후기에 인기를 모았다. 거울이나 그 밖의 가구 꼭대기에 독수리 상을 장식한 디자인은 1800년경의 앙피르 양식의 영향을 받았다. 한편 러시아풍의 독수리 상은 나폴레옹이 러시아 원정에 크게 실패한 이후 즐겨 사용되었다.

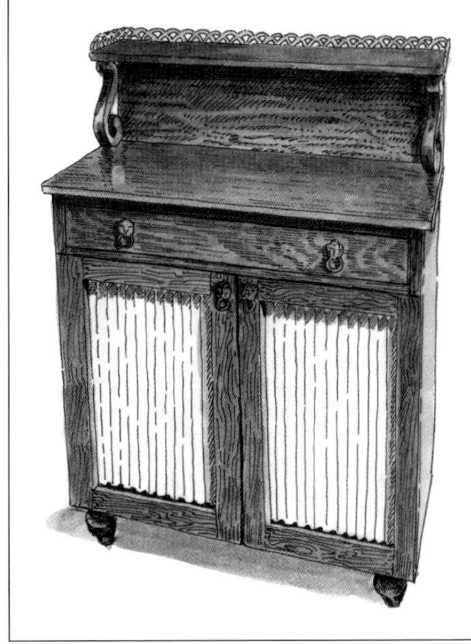

〈그림 5.15〉 시포니에(chiffonier) : 높이가 낮은 사이드보드의 일종으로 이 시기 중류계급의 주택에서 자주 볼 수 있었다. 상단 그림은 가장 기본적인 디자인의 예. 앞쪽에 2장의 문이 달려 있고, 상부에 놓인 선반 가장자리에는 투각한 황동 장식이 둘러져 있다. 유리문 안쪽에 주름을 잡은 천을 달아둔 것은 섭정 시대 가구의 명확한 특징이다.

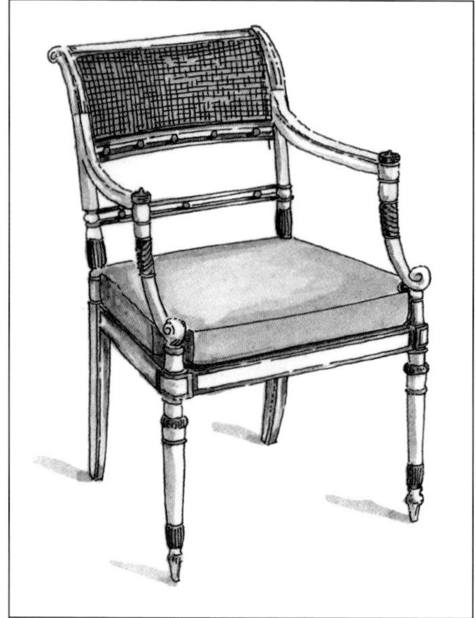

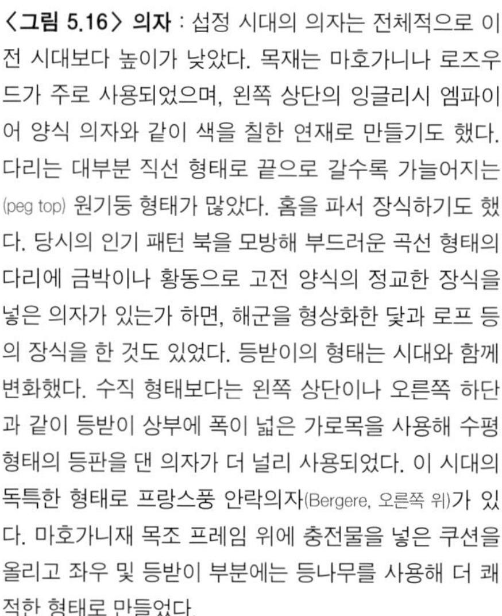

〈그림 5.16〉 의자 : 섭정 시대의 의자는 전체적으로 이전 시대보다 높이가 낮았다. 목재는 마호가니나 로즈우드가 주로 사용되었으며, 왼쪽 상단의 잉글리시 엠파이어 양식 의자와 같이 색을 칠한 연재로 만들기도 했다. 다리는 대부분 직선 형태로 끝으로 갈수록 가늘어지는(peg top) 원기둥 형태가 많았다. 홈을 파서 장식하기도 했다. 당시의 인기 패턴 북을 모방해 부드러운 곡선 형태의 다리에 금박이나 황동으로 고전 양식의 정교한 장식을 넣은 의자가 있는가 하면, 해군을 형상화한 닻과 로프 등의 장식을 한 것도 있었다. 등받이의 형태는 시대와 함께 변화했다. 수직 형태보다는 왼쪽 상단이나 오른쪽 하단과 같이 등받이 상부에 폭이 넓은 가로목을 사용해 수평 형태의 등판을 댄 의자가 더 널리 사용되었다. 이 시대의 독특한 형태로 프랑스풍 안락의자(Bergere, 오른쪽 위)가 있다. 마호가니재 목조 프레임 위에 충전물을 넣은 쿠션을 올리고 좌우 및 등받이 부분에는 등나무를 사용해 더 쾌적한 형태로 만들었다.

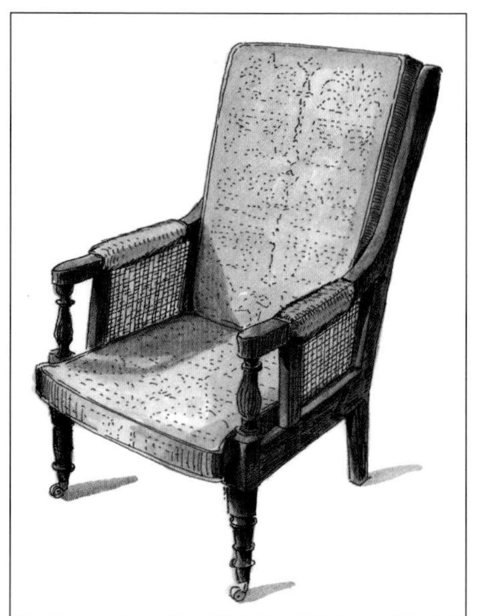

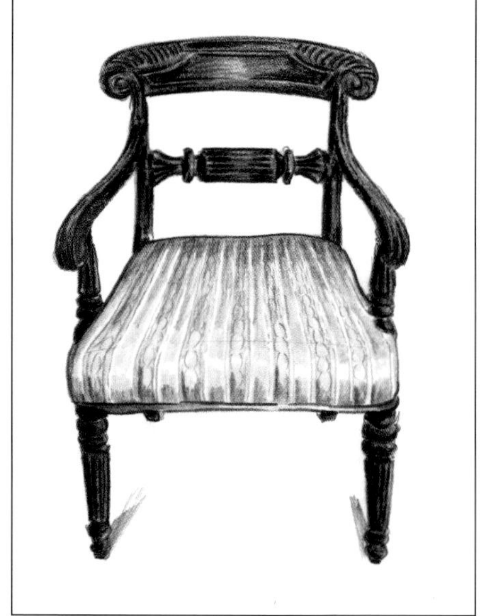

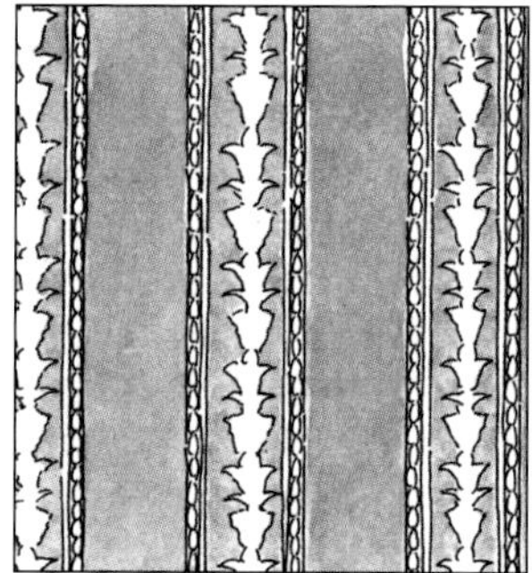
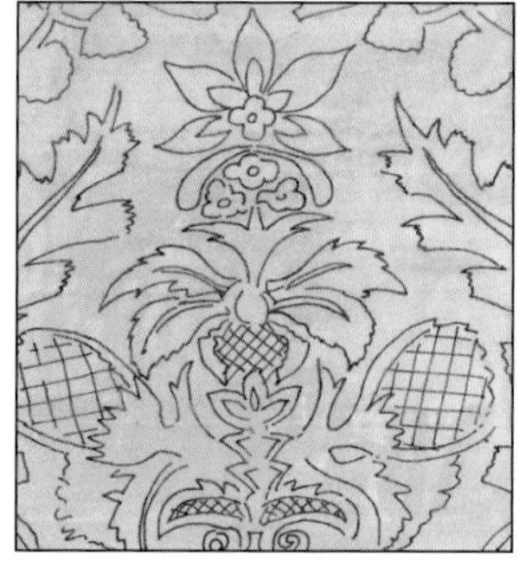
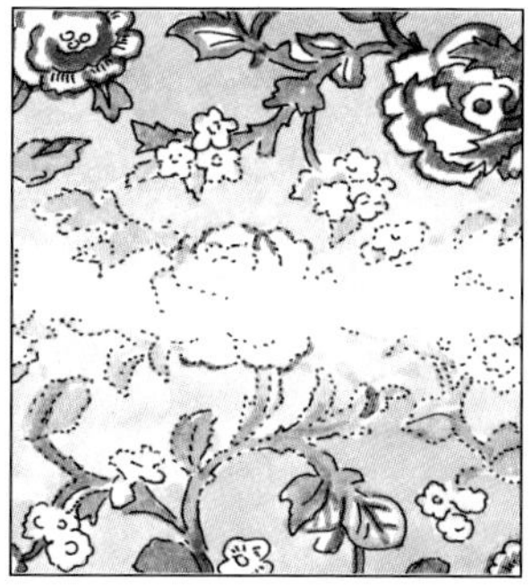

〈그림 5.17〉 직물 : 이 시대에는 가구나 커튼에 사용하는 직물과 벽에 붙이는 직물 또는 카펫을 세련된 인테리어 디자인 계획에 따라 꾸미는 일이 늘었다. 짙은 색상의 무늬를 같은 계통의 연한 색상이나 보색 배경에 날염(print)해 만든 무늬가 인기를 끌었다. 가구에는 줄무늬(왼쪽), 다마스크(중앙), 친츠(오른쪽, P. 85) 등의 직물이 사용되었다. 그 밖에 도서실이나 식당에는 가죽이 사용되기도 했다. 일상적으로 사용하는 의자가 더러워지지 않도록 커버를 씌워 사용하는 일이 많았다. 가구와 커튼의 무늬를 통일하는 경우에는 중심이 되는 디자인의 모티브가 의자 등받이 중앙에 오게 만들었다. 화환, 리라, 스핑크스 같은 고전 양식의 요소와 함께 줄무늬도 이 시대의 매우 분명한 특징이다. 짙은 녹색, 짙은 노란색, 빨간색, 로열 블루 등이 인기가 있었다. 빨간색은 특히 1820~30년에 유행했다.

〈그림 5.18〉 안락 긴 의자(chaise longue) : 섭정 시대의 소파는 그리스의 긴 의자처럼 끝 부분이 말려 있는 형태에 다리에는 목조 세공을 한 것이 많았다. 이 소파가 변형된 형태가 침대 겸용 소파(day bed)이다. 충전물을 채운 긴 시트 끝에 비스듬한 각도로 머리를 기댈 수 있는 등받이가 있어 사용하는 사람이 편안한 자세로 누울 수 있게 만들었다. 섭정 시대에 인기를 끈 왼쪽 그림과 같은 특정한 형태의 의자를 안락 긴 의자(chaise longue)라고 한다. 끝이 말려 있는 비스듬한 등받이와 목조 세공으로 장식한 목재 프레임으로 구성된다. 짙은 색 목재 프레임에 황동으로 선과 장식 모티브를 상감해 완성하는 것도 이 시대에는 인기가 있었다. 1830년대에는 금속으로 만든 나선 스프링을 넣은 시트가 만들어지면서 쾌적함이 배가되었다.

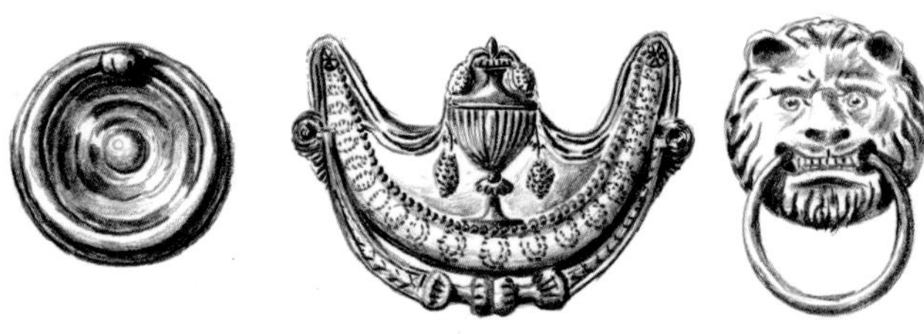

〈그림 5.19〉 창호 부품 : 17세기 이전에는 가구에 목제 손잡이(knob)나 철제 부품이 달려 있었다. 윌리엄 3세와 메리 2세 시대에는 황동으로 만든 고리를 같은 너비의 금속판(back plate)에 달아 늘어뜨린 손잡이가 사용되었다. 18세기 초에는 이런 금속판에 구멍을 뚫은 디자인이 많았다. 그 이후에는 늘어뜨린 손잡이 양쪽 끝에 장미 문양을 넣는 것이 일반적인 디자인이었다. 19세기가 되면 이 금속판과 손잡이에 최신 유행인 고전 양식의 모티브를 넣은 정교한 장식(중앙)을 볼 수 있다. 또 난로나 문틀에 사용된 불스 아이(그림 5.7, 5.8 오른쪽)와 비슷한 동심원 문양의 원형 금속판 가장자리를 둘러싸듯 원형 손잡이를 단 것(왼쪽)도 있다. 이것은 섭정 시대 특유의 디자인이다. 사자 머리 손잡이(오른쪽)는 18세기 말에 유행했다. 문에는 큰 손잡이를 달고, 가구에는 작게 만든 손잡이를 달았다.

〈그림 5.20〉 몰딩 장식 : 반원형 돌출 몰딩과 홈 가공은 섭정 시대의 가구와 창호에 사용된 장식의 특징.

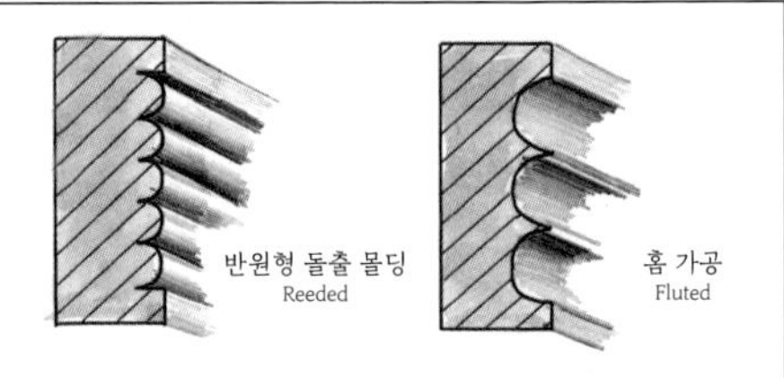

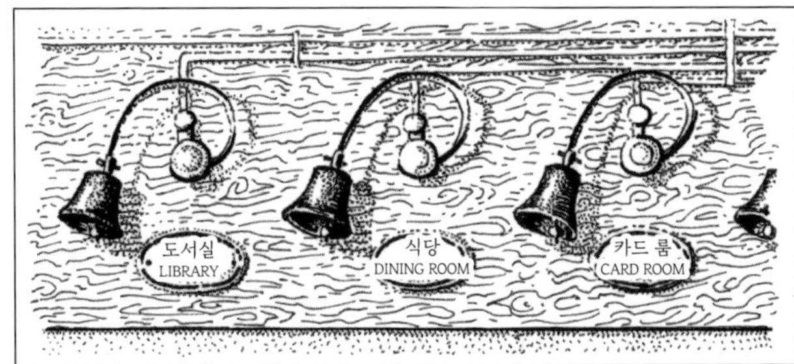

〈그림 5.21〉 초인종 : 대저택에서 사용된 신형 설비로, 사용인을 호출할 수 있었다. 이전 시대의 사용인들은 다른 방과 연결된 홀에 앉아 집주인이 부를 때까지 대기해야 했지만, 초인종 설비가 도입된 후부터는 각 방과 사용인들의 홀 또는 복도에 있는 초인종이 파이프 내부의 선을 통해 연결되었기 때문에 집주인과 사용인 모두 편리하게 이용할 수 있었다.

제 6 장

초기 빅토리아 양식
Early Victorian Styles

1840~1880

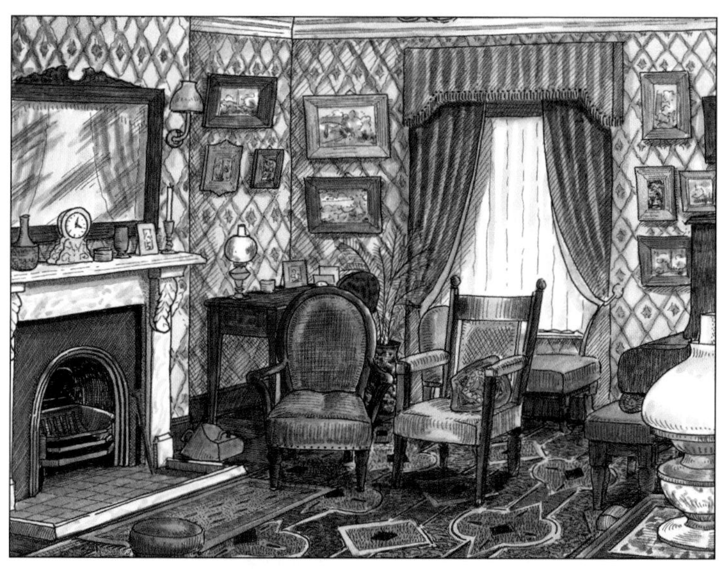

〈그림 6.1〉 응접실 : 빅토리아 시대풍 인테리어라고 하면 흔히 짙은 색상의 복잡한 무늬와 함께 온갖 가구와 집기가 빼곡히 들어차 있는 모습이 떠오른다. 이런 특징은 위쪽 그림과 같은 1860~70년대의 응접실에서 분명히 볼 수 있다. 온갖 종류의 가구, 장식품, 관엽식물, 파티션 등과 함께 피아노도 빠지지 않았다고 한다. 이 모든 것이 집주인의 부와 취향을 나타내기 위해 모아놓은 것이었던 듯하다.

초기부터 중기에 걸친 빅토리아 시대는 사회에 커다란 변화가 있었던 시기였다. 이 변화는 어둡고 다양한 색감과 복잡하게 뒤섞인 인테리어로 나타나며 1860~70년대의 특징이 되었다. 모든 계급의 재산이 갑작스럽게 큰 폭으로 변동한 시대였다. 전체적으로 보면, 이 시기 말에 걸쳐 급여가 상승하고 노동 환경이 개선되었다. 많은 사람들이 전원 지역에서 도시 지역으로 이동했는데, 그 때문에 빈민가가 탄생하자 부자들은 반대로 도시를 벗어나 새롭게 개발된 교외의 주택지로 이동했다. 중류계급이 늘어나면서 영향력과 욕망이 강화되고, 그런 그들의 자부심이 주택을 통해 표현되었다. 대량 생산품이 유통되면서 호화로운 가구와 집기를 소유할 수 있게 되고, 미술관과 상점, 잡지 등의 보급으로 교양을 쌓은 중류층 사람들이 인테리어에 관심을 갖게 되었다. 자녀들은 대학에 진학해 상류계급 대열에 합류했다. 이 빅토리아 시대의 신사들은 졸업 후 유럽행 그랜드 투어가 아니라 머나먼 식민지로 향하거나 영국 국내 혹은 브리튼제도 안에서 중세의 유적이나 산이 많은 풍경을 순회하는 여행을 떠났다. 자극을 찾아 떠나는 장소가 바뀌면서 당시 영국의 양식에 직접적인 영향을 미치며 주류로 자리 잡았던 유럽의 유행과 분리된다.

1840~50년대에는 고전 양식의 규범을 굳게 지키려는 이들과 자국의 고딕 양식을 옹호하는 이들 간의 대립이 있었다. 프랑스혁명에 이어 나폴레옹전쟁이 발발하고 중세의 물건들이 대량으로 시장에 나돌던 무렵 중세의 건축 양식에 대한 자세한 연구서가 처음 출간되었다. 이 책이 오거스터스 웰비 퓨진(A. W. N. Pugin)과 같은 디자이너들에게 정보를 제공했다. 그는 끝이 뾰족한 첨두아치나 고딕 양식의 모티브를 새로운 예술의 형태로 변신시켰다. 퓨진과 그의 영향을 받은 디자이너들은 건축에 관해 성실해야 한다고 주장하며 섭정 시대의 가짜 소재를 거부했다. 그들은 방의 배치를 좌우대칭으로부터 해방시켜야 하며, 표면의 장식은 평면이어야 한다고 믿었다. 이 시기 초반의 인테리어는 섭정 시대 말기에 정착한 양식과 섞여 있었다. 하지만 1860년대에는 고딕 양식과 퓨진이 제창한 원칙이 당시의 유행 주택에 영향을 미쳤다. 찰스 L. 이스트레이크(Charles L. Eastlake)의 『가정 취향에 대한 힌트(Hints on Household Taste)』와 같은 책이나 윌리엄 모리스(William Morris)의 활동이 세련된 인테리어 디자인에 대한 관심을 부채질했지만, 그럼에도 대다수 중류층 집주인들은 대량 생산된 고딕 양식이나 꽃무늬 벽지를 선택했으며, 색상의 조합도 제각각이었다. 이런 중류층들은 문양이나 정교한 표면 장식에 대한 애착을 형태로 드러내는 것을 우선하고 디자

인의 특성이나 가구의 올바른 배치는 뒷전이었다.

판매되는 주택 중에서는 여전히 다양한 크기의 테라스하우스가 다수를 차지했다. 2세대 주택은 비율적으로 아직 그 수가 많지 않고, 이 시기 좌우 비대칭 디자인으로 지어진 단독주택은 부자들의 주택이라는 인식이 있었다. 사생활에 대한 중요성을 인지하게 되면서 이 시기 주택 건축은 점차 남들의 시선으로부터 거리를 두게 되었다. 행인을 바라보는 발코니가 사라지고, 담이나 정원으로 외부인들의 시선을 차단했다. 사용인들의 공간은 지하실을 벗어나 주택 뒤편의 증축한 부분으로 이동했다. 이런 구조로 사용인들은 뒤쪽 계단을 오르내리며 가족이나 손님과 마주칠 기회를 최소한으로 줄일 수 있었다. 중류계급의 주택은 대부분 이런 구조를 따라 했는데, 뒤편에 증축한 건물은 처음에는 단층이었다가 후에 2층이 되었다. 2층에는 침실을 추가하거나 신형 욕실이 만들어졌다. 침실로 만들었다가 이내 욕실로 개장하는 경우도 있었다.

현관홀(hallway)은 집 안으로 안내받기 전에 손님이 잠시 대기하는 장소였다. 사생활을 중시한 빅토리아 시대 사람들에게는 중요한 방이었기 때문에 가장 작은 타입의 중류층 주택에도 좁은 통로 형태의 현관홀이 있었다. 식당은 남성적인 특징을 유지하고 있었다. 짙은 색상의 문양과 견고하고 어두운 색상의 목재가 사용되었으며, 검은색 대리석 프레임을 두른 난로가 있었다. 이런 식당도 응접실만큼 복잡하지는 않았다. 응접실은 온갖 종류의 장식품, 책, 그림, 관엽식물의 창고나

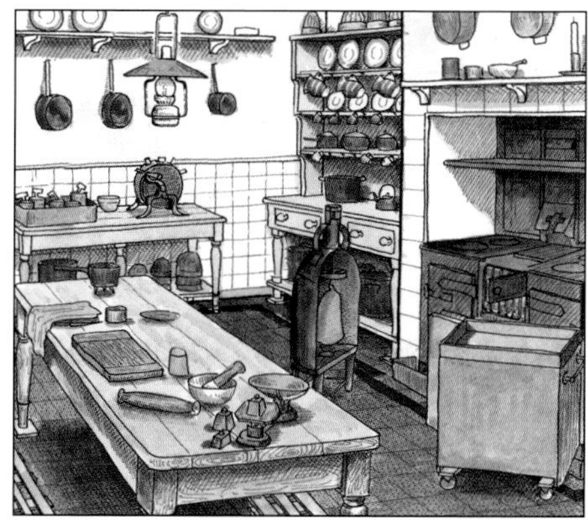

〈그림 6.2〉 이 시기 주방은 지하층에서 건물 뒤편으로 이동했다. 위쪽 그림과 같이 많은 손님의 요리를 준비할 수 있을 만큼 널찍한 대저택의 주방부터 건물의 뒤편에 증축한 작은 별채까지 규모는 제각각이었다. 작은 주택의 경우, 요리 준비는 대개 주방에서 하고 설거지 따위는 뒤쪽의 부엌방(scullery)에서 하는 식이었다. 주방에는 반드시 독립된 작업대와 개방형 선반이 달린 찬장 그리고 주철 레인지가 있었다. 레인지에는 보일러와 오븐이 설치되어 있었다. 고급 주택의 주방에는 개방식 직화 레인지가 설치되어 있기도 했다. 벽은 일반적으로 수성 백색 도료를 칠한 부분과 타일 부분으로 나누어져 있었다.

다름없었다. 큰 저택에서는 이전보다 더 세분화된 용도의 방을 여러 개 만들었다. 오전용 거실(morning room) 또는 조식용 거실(breakfast room)과 함께 서재나 도서실도 있었다. 패널 장식이나 모조 가죽 벽지를 바른 벽과 고딕 양식 혹은 엘리자베스 왕조 양식 가구 그리고 갑주 또는 박제 동물을 장식하는 것이 이 시대 도서실의 특징이었다. 흡연실이나 당구실은 무어(Moors, 북서아프리카 이슬람교도의 호칭-역주)풍이나 튀르키예풍 인테리어로 꾸미는 경우가 많았다. 이런 장식으로 당시 남성들이 악취미라는 평가를 받기도 했다!

조금 더 규모가 작은 중류계급의 주택에서 특별한 목적을 위해 마련한 방이 정면에 배치한 팔러(parlor)였다. 일상적으로 사용하는 거실(living room)은 집 안쪽에 있고, 주방 또는 부엌방은 그 뒤쪽에 있었다. 욕실은 중류계급의 주택의 경우 1870년대부터 보급되기 시작했는데 당초 상류계급의 주택에서는 인기가 없었다. 부자들의 저택에서는 여전히 여러 명의 사용인들이 개인 욕조에까지 뜨거운 물을 나르고 있었기 때문이다! 화장실은 하수도가 개선됨에 따라 1860년대부터 주택 안채에 설치되었다. 처음에는 토사 살포식 변소(earth closet)가 인기가 있었다. 흙, 재, 톱밥 등을 덮는 방식으로, 벽 안쪽이

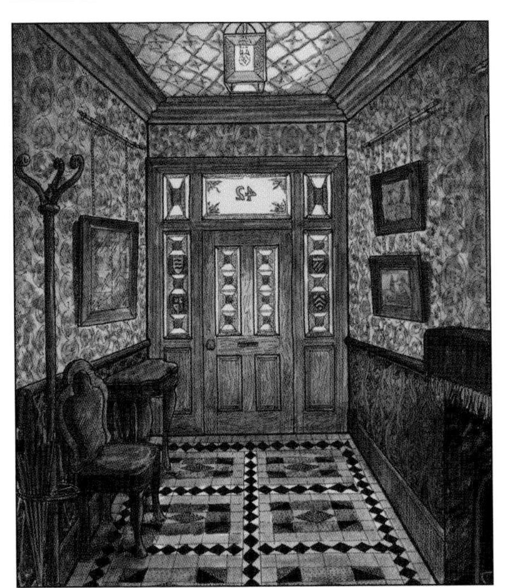

〈그림 6.3〉 현관홀 : 손님을 응접실이나 객실로 안내하기 전에 잠시 기다리게 하는 장소로, 집주인에게는 중요한 장소가 되었다. 무늬가 새겨진 도기 타일을 깐 바닥은 이 시기의 가장 눈에 띄는 특징으로, 1850년대부터는 다양한 색상의 타일이 유행했다. 벽을 보호하기 위해 허리 높이의 다도 레일을 설치하고, 아래쪽에는 1860년대 이후에는 가죽이나 대리석을 모방한 소재나 목제 패널 또는 타일을 붙였다. 1870년대 말부터는 여기에 엠보싱 가공을 한 벽지를 붙이고 위쪽에는 갈색이나 적갈색 또는 짙은 녹색의 무늬가 들어간 벽지를 바르는 것이 인기였다. 왼쪽 그림은 19세기 말의 비교적 넓은 현관홀을 나타낸 예로, 정면의 현관문에는 유리창을 끼웠으며, 주철로 만든 우산꽂이와 소형 난로 그리고 목제 의자가 놓여 있다. 탁자는 벽에 붙여 공간을 넓게 활용할 수 있게 했다.

나 계단 아래에 설치했다. 1870년대에 수세식 변소가 등장하면서 위층의 작은 방이나 건물 뒤쪽의 벽 내부 또는 지붕이 딸린 작은 별채에 설치했다.

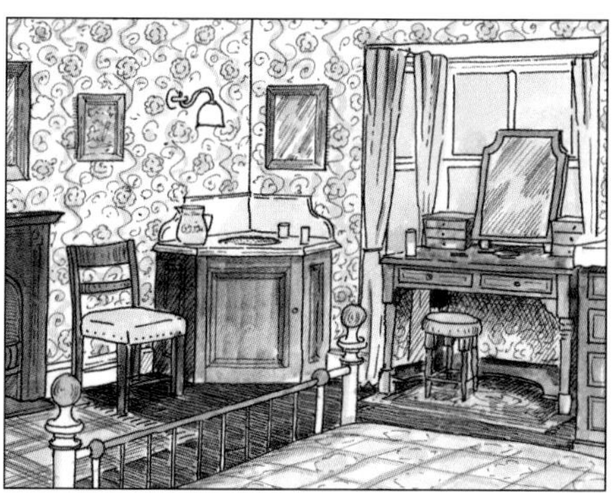

<그림 6.4> 침실 : 큰 저택에서는 부부가 각각의 침실을 사용하는 관습이 계속되었다. 각각의 침실로 통하는 문이 있었으며, 여성의 침실에는 부두아르(boudoir)라고 부르는 내실, 남성의 침실에는 탈의실(dressing room)이 딸려 있었다. 중류계급의 주택에서도 이런 관습을 모방해 트윈 베드를 놓았다. 이 시기에 아이들의 침실에도 큰 변화가 있었다. 남자아이와 여자아이의 침실을 따로 만들어야 했던 것이다. 이런 변화로 집주인 일가는 방을 더 추가해야 하는 부담을 안게 되었다. 여전히 나무로 만든 4주식 침대를 사용하는 집도 있었지만, 이 시기에는 닫집이 절반만 달려 있고 침대 머리에만 커튼을 늘어뜨리게 되어 있는 하프 테스터 침대(half tester beds)가 인기였다. 1850년대에는 황동으로 만든 침대 프레임(bedstead)이 널리 보급되었다. 한편 침대 커튼은 쉽게 더러워졌기 때문에 1860년대에는 유행으로부터 점점 멀어졌다. 주 침실은 계속해서 사생활을 중시한 가족들만의 공간으로, 다른 방보다 장식이나 집기가 밝고 간소해졌다. 벽에는 단순하게 반복되는 무늬나 꽃무늬 벽지를 바르거나 연한 핑크색이나 파란색 또는 회색으로 칠했다. 코니스(그림 0.1)는 인테리어에 사용된 다른 직물과 색을 통일했다. 침실 커튼은 현관홀이나 응접실에 사용된 것보다는 밝고 장식이 많지 않았다. 직물은 두꺼운 면이나 리넨 소재의 크레톤이나 친츠 또는 골이 지게 짠 디머티(dimity)와 무늬가 들어간 모슬린이 인기가 있었다.

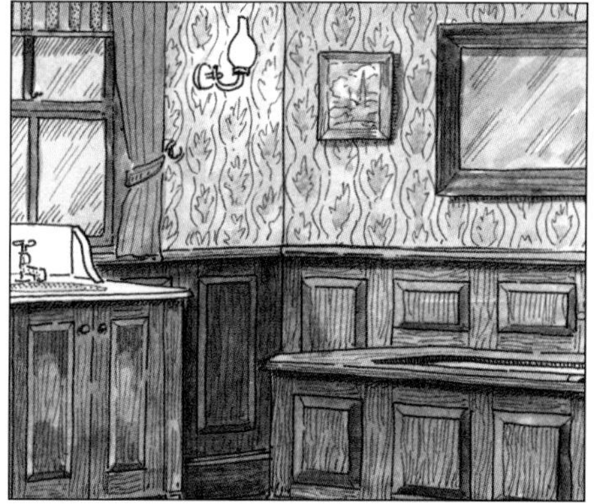

<그림 6.5> 욕실 : 수도 본관의 개량으로 위층까지 물을 보내는 데 필요한 수압을 얻을 수 있게 되고 배수도 향상되자 1860년대 이후 새로 지어진 주택에는 실용성이 뛰어난 전용 욕실이 만들어졌다. 초기형 욕실에는 패널을 붙인 욕조와 세면대가 설치된 경우가 많았다. 이런 세면대를 당시에는 래버토리(lavatory)라고 불렀다.

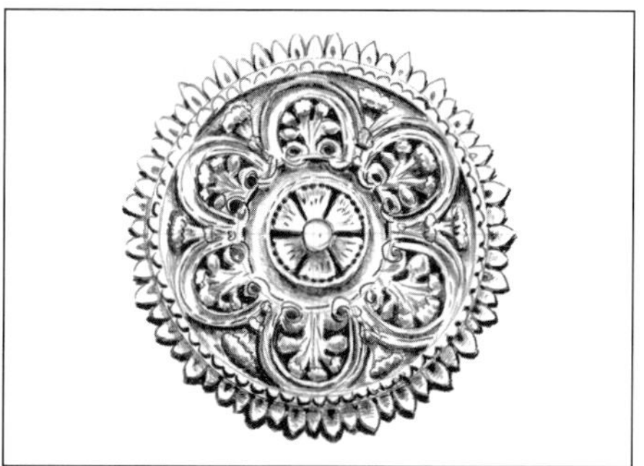

<그림 6.6> 천장 : 천장은 다채롭게 장식된 몰딩을 이용해 각 방의 양식에 맞게 디자인하거나 장식을 하지 않은 흰 천장이 있었다. 흰 천장에는 조명 위쪽에 상단 그림과 같은 장미 문양의 장식 판(ceiling rose)을 부착해 천장의 그을음 따위를 가렸다.

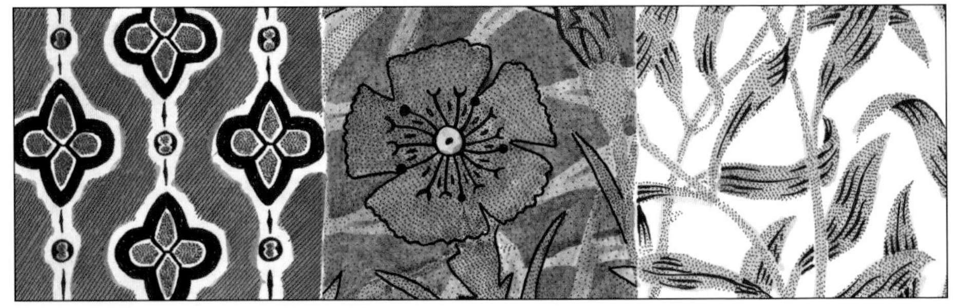

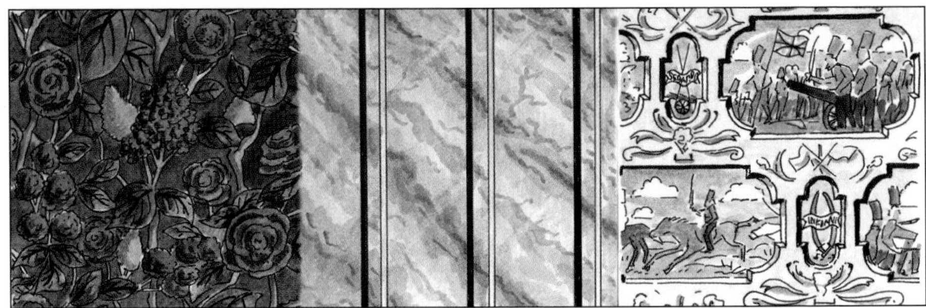

〈그림 6.7〉 벽 장식 : 몰딩을 이용해 벽을 상하로 나누는 유행은 19세기 중반에는 인기가 사그라졌다. 굽도리 널은 갈색으로 칠하거나 고급 목재처럼 보이게 나뭇결을 그려 넣었다. 코니스는 밝은 색으로 칠하거나 실내에 사용된 다른 직물과 반대되는 색으로 칠했다. 이 시기 초반에는 크림색, 녹색, 핑크색, 연보라색, 파란색 등의 연한 색상도 계속 사용되었다. 하지만 1850년대에는 갈색, 빨간색, 적갈색, 녹갈색, 암적색, 보라색 등의 진한 색상이 인기를 끌었다. 이 시기 말경에는 조금 더 차분한 회녹색이나 진홍색 등이 인기가 높았다. A. W. N. 퓨진이나 윌리엄 모리스 등의 일류 디자이너들은 단순하고 평면적인 디자인과 반복되는 모티브 벽지를 이상적인 인테리어라고 주장했다(상단 그림). 하지만 대중적으로는 디자인성이 결여된 현란한 꽃무늬나 가짜 대리석이나 유명한 전투 장면을 그린 벽지 등(하단 그림)도 여전히 인기가 있었던 것으로 보인다. 꽃, 식물, 동물, 격자무늬(trellis)는 이 시기 초에도 계속 사용되었으며 이후에는 고딕 양식에 영향을 받은 디자인이 점차 전면에 등장하게 된다. 암적색이나 녹색의 플록 가공(그림 3.10) 벽지는 식당, 진자주색, 녹색, 금색, 진홍색, 진파란색 등의 벽지는 응접실에 주로 사용되었다.

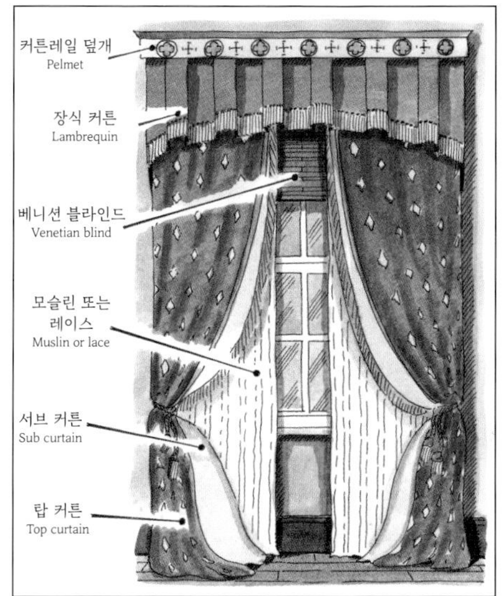

〈그림 6.8〉 커튼 : 이 시기에 손님을 맞는 방에는 4중으로 된 두꺼운 커튼이 사용되었다. 이런 커튼은 단지 보여주기 위해서만이 아니라 먼지나 햇빛에 가구가 상하지 않도록 보호하는 역할도 했다. 가장 먼저 가로로 된 베니션 블라인드나 롤러 블라인드를 달았다. 롤러 블라인드는 19세기 중반에 보급된 것으로, 장식이 없는 흰색 또는 무늬가 들어가거나 간혹 풍경을 그려 넣은 것도 있었다. 그다음으로 레이스나 모슬린 소재의 서브 커튼을 달아 창을 열 때 늘어뜨리면 어느 정도 빛도 들어오고 먼지를 흡수하는 효과도 얻을 수 있었다. 그 위에는 친츠나 다마스크, 보통은 꽃무늬 크레톤(그림 6.4) 소재의 두꺼운 서브 커튼을 달았으며, 고급 주택의 경우 벨벳이 사용되기도 했다. 가장 위쪽에는 다마스크와 비슷한 두꺼운 면 소재의 브로커텔(brocatelle) 또는 태피스트리를 달았다. 고딕 부흥 양식의 주택에서는 대부분 나무나 황동 막대에 커튼을 꿴 후 양쪽에서 주름을 잡아 고리에 걸고 커튼 하단은 바닥에 퍼뜨리듯 늘어뜨렸다.

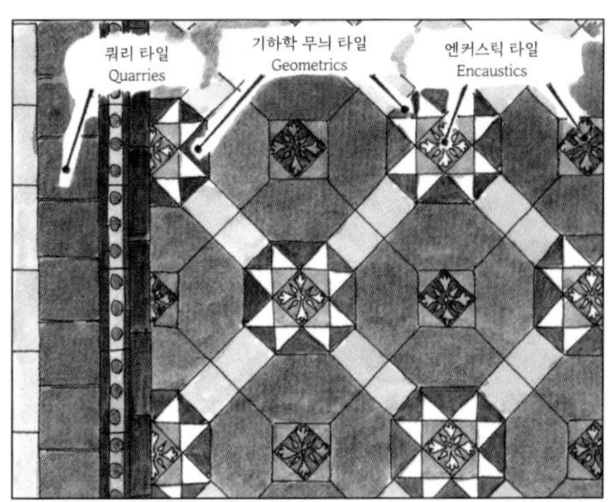

〈그림 6.9〉 도기 타일 : 중기 및 후기 빅토리아 시대 주택의 가장 눈에 띄는 특징은 현관홀이나 경우에 따라서는 거실 바닥에 도기 타일을 깔아 만든 장식이다. 플레인 또는 쿼리라고 불리는 사각형의 무지 타일과 기하학적 도형의 타일을 이용해 무늬를 만드는 것으로 색상은 크림색, 빨간색, 갈색, 검정색 등이었다. 나중에는 녹색이나 파란색도 사용되었다. 가마에서 구워낸 도기에 색을 칠해 만든 타일을 사용하는 것도 일반적이었다. 이것은 중세의 타일을 본뜬 것으로, 굽기 전에 젖은 점토를 성형해 모양을 만들고 다른 색 안료를 섞은 액체 상태의 점토(slip)를 부은 후 구워내는 방법이다. 완성된 바닥은 보통 유약을 바르지 않고 나중에 아마유나 왁스를 발라 광택을 냈다. 하인들이 사용하는 방바닥에는 보통 무지 빨간색이나 검은색이 사용되었다. 1860년대 이후는 대량 생산된 유약을 바른 세련된 무늬의 벽타일을 현관홀의 다도 레일이나 난로 가장자리에 붙이는 것이 유행했다. 도드라진 선으로 무늬를 그리고 유약으로 사이를 메우는 방법도 있었다.

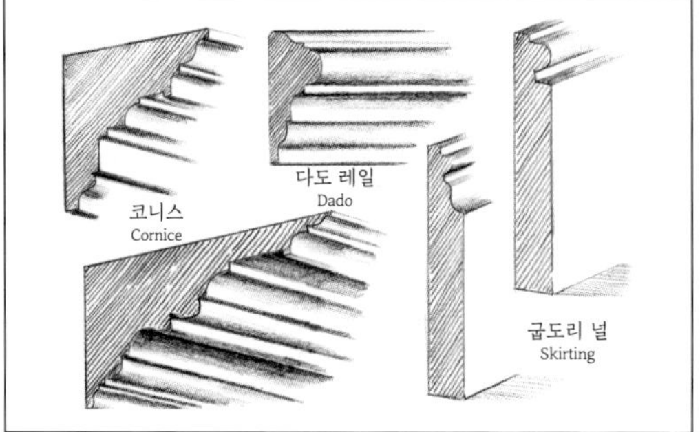

〈그림 6.10〉 벽 몰딩 : 허리 높이의 다도 레일이나 픽처 레일은 필수가 아니었지만 벽 하단의 굽도리 널은 반드시 붙였다. 빅토리아 시대 몰딩의 특징으로는 이전보다 돌출된 부분의 높이가 높아진 것을 들 수 있으며, 가장 윗부분은 단순하게 둥근 형태를 띠고 있었다. 코니스는 섭정 시대보다 복잡해졌는데, 19세기 후반에는 천장 쪽으로 수평으로 넓게 퍼진 것도 볼 수 있다.

〈그림 6.11〉 바닥 : 독창적인 사고방식과 아이디어가 넘치는 빅토리아 시대 사람들은 다양한 바닥재를 탄생시켰다. 동양의 융단과 같은 전통적인 타입도 고급 주택에서 여전히 인기가 있었다. 19세기 중반 방 전체를 덮는 카펫이 다시 인기를 끈 시기도 있었지만, 청소가 힘든 단점 때문에 더 작고 이동이 쉬운 카펫을 선호하게 되었다. 카펫을 깔고 남은 약 1m 남짓한 바닥에는 색을 칠하거나 나무쪽 세공을 했다. 대량으로 생산된 제품도 천천히 발전해갔다. 기계가 고가였기 때문인데, 1860년대에는 저렴한 제품이 널리 보급되었다. 고리 모양의 섬유 표면을 고르게 다듬어 벨벳과 비슷한 파일 직물로 짠 윌턴 카펫이나 매듭을 떠서 만든 액스민스터 카펫은 꾸준히 인기 있는 고급 소재로, 주요한 방에만 깔고 평소에는 저렴한 소재의 카펫을 덮어 보호했다. 카펫 디자인에 사용된 것은 1840년대의 심플한 문양과 줄무늬 장식부터 고딕 양식의 백합 문장(fleur de lis), 그물코 무늬(tracery), 4엽 무늬(quatrefoil), 문장 모티브, 로코코 양식, 꽃무늬, 타탄 무늬까지 다양했다. 저렴한 마루 깔개(floor cloth)는 바닥에 계속 깔아두거나 카펫을 보호하는 용도로 일시적으로 사용하기도 했다. 마루 깔개는 커다란 캔버스 직물을 이어 붙인 후 사이즈(P. 86)를 여러 번 덧바른 후 마지막에 무늬를 그려 넣어 완성했다. 이런 무늬는 다른 카펫 등을 모방해 그리는 경우가 많았다. 그렇게 6개월가량 카펫을 사용할 시즌이 올 때까지 깔아두었다. 리놀륨은 1860년대에 사용하게 되었다. 코르크와 나무 분말을 아마유, 수지, 왁스와 섞어 캔버스 직물에 바른 것으로, 표면이 평평하고 매끄러워 아이들 방이나 침실에 최적이었다. 이런 바닥재나 깔개를 깐 바닥 널은 이 시기 기계로 절단하는 방식이 도입되면서 크기가 균일하고 모서리가 직선인 두꺼운 나무 널로 바뀌었다. 처음에는 나무 널의 폭이 넓었지만 19세기 말에는 좁아졌다. 이런 바닥 널은 은혈못(양 끝을 각각의 나무 널에 박아 접합하는 데 사용하는 못-역주)이나 사개(서로 맞물리는 부분을 도려내˙요철 모양으로 끼워 맞추는 접합 방식-역주)로 이은 후 색을 칠하거나 나뭇결을 그려 넣어 경재(硬材)처럼 보이게 꾸몄다.

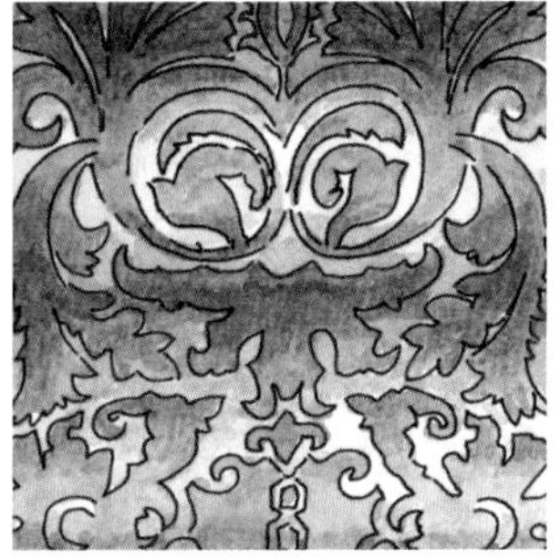
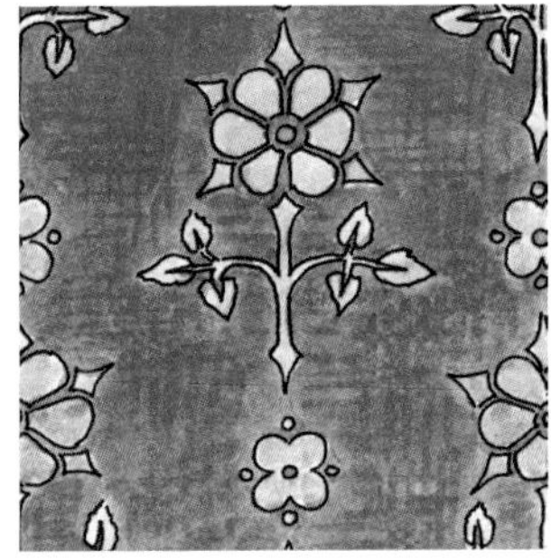
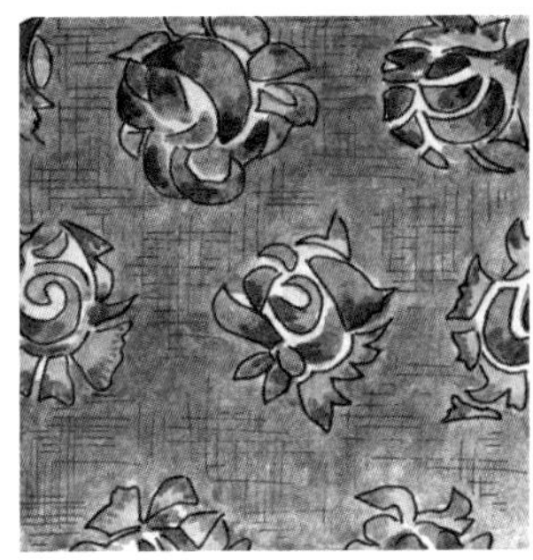

〈그림 6.12〉 직물 디자인: 직물에 사용된 문양으로는 꽃무늬(오른쪽), 단조로운 기하학 무늬, 다마스크(왼쪽), 문장, 고딕 양식의 모티브(중앙) 등이 빅토리아 시대 초기에 인기가 있었다. 1850년대에 합성 아닐린 염료가 개발되면서 무늬가 더 선명해지고 변색도 쉽게 되지 않았다. 다수의 디자인 소재를 오언 존스(Owen Jones)의 책으로부터 얻었다. 이런 화려한 문양의 직물은 커튼이나 가구의 커버로도 사용되었다. 가구 커버로는 무늬가 없는 벨벳이나 가로 줄무늬가 들어간 면이나 울 소재의 렙(rep)도 인기가 있었다. 또 커튼이나 가구 커버 모두 가장자리에 술 장식을 달아 완성하는 일이 많았다.

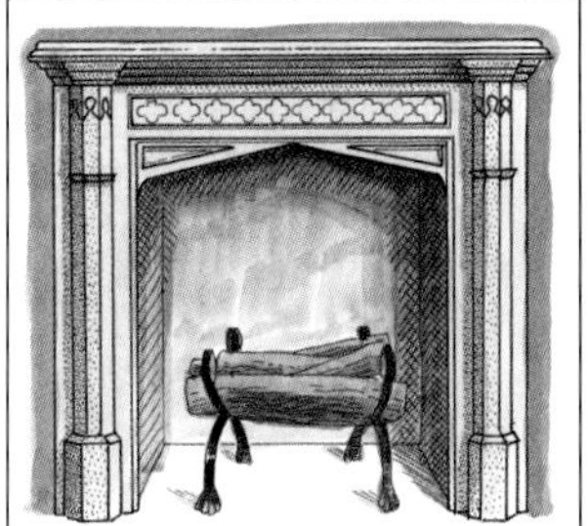
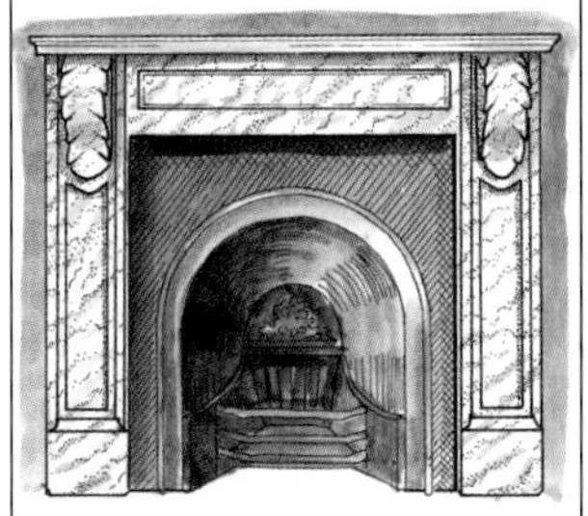
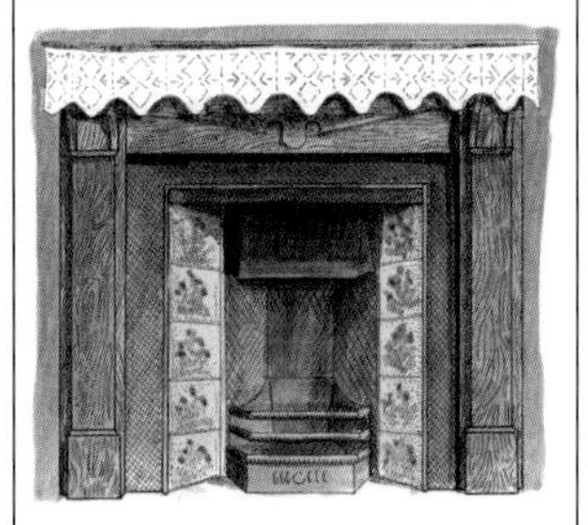
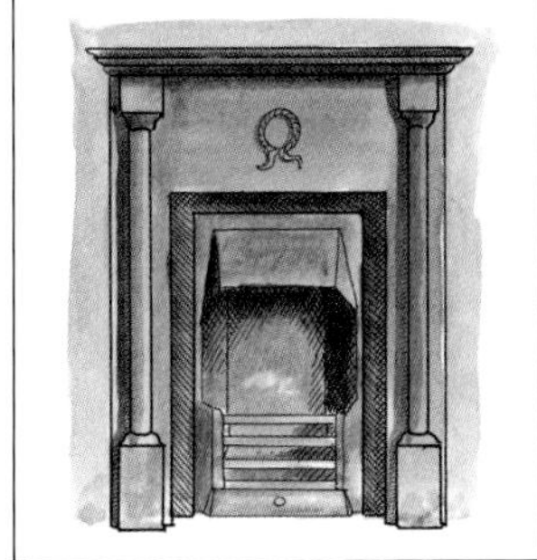

〈그림 6.13〉 난로 프레임 : 흰색이나 회색 대리석으로 된 난로 프레임은 응접실, 검은색에 다른 색으로 테두리를 칠한 프레임은 식당에 어울렸다. 처음에는 단조로운 디자인이 많았다. 소용돌이무늬나 나뭇잎 무늬는 점차 깊이가 깊어진 난로를 지지하는 부분을 장식하는 디자인으로 자주 쓰였다(상단 중앙). 경재(硬材)나 석조 조각으로 장식한 디자인은 특히 고딕 양식 인테리어에서 인기가 있었다(왼쪽 상단). 저렴한 연재(軟材)로 만든 프레임은 하나같이 다른 소재를 모방해 만든 것이었다. 점판암(slate)과 주철도 인기가 높았다. 주철 프레임은 정교한 디자인으로 만들어지기도 했지만, 침실이나 사용인들의 방에는 단조로운 프레임이 사용되었다(오른쪽 하단). 스모크 커튼(smoke curtain) 또는 펠멧(pelmet)이라고 불리는 직물을 난로 선반에 늘어뜨리는 것은 1860년대에 유행했다(오른쪽 상단). 또 이 시기에는 난롯가에 작은 가리개를 설치해 섬세한 가구를 보호하는 데 사용했다.

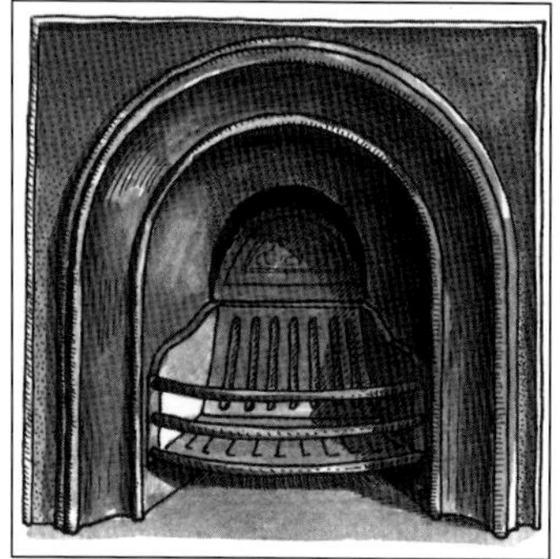

〈그림 6.14〉 화격자 : 위쪽 그림과 같이 안쪽이 움푹 들어가고 아치가 달린 화격자는 1850~60년대의 특징으로, 방 안에 더 많은 열을 보내기 위해 설계된 것이었다. 안쪽에 경첩으로 열리는 통풍 조절 덮개를 달아 굴뚝으로 가는 입구를 막았다. 이 덮개는 이때 대략 25cm 이하까지 작아졌다. 난로 내부의 홈이 파인 내화 벽돌(fire-brick) 역시 공기를 효율적으로 내보냄으로써 석탄의 열 효과를 높이는 역할을 했다.

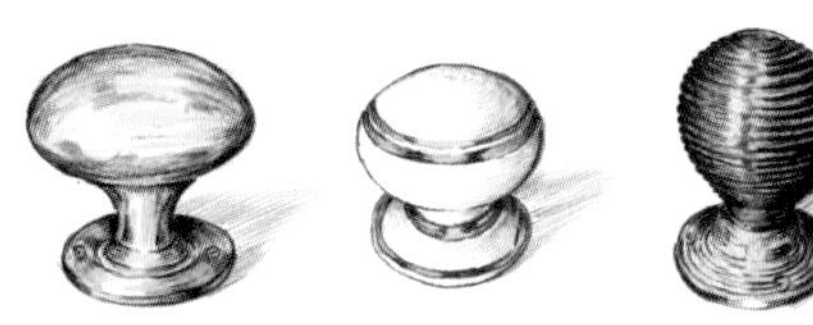

〈그림 6.15〉 문손잡이 : 19세기 중반에는 문의 패널이 4장에서 6장으로 바뀌면서 몰딩이 전체적으로 두꺼워졌다. 문손잡이의 소재는 보통 황동, 도기, 나무가 많고 같은 소재의 밑판(hand plate, 그림 5.7)과 함께 사용했다.

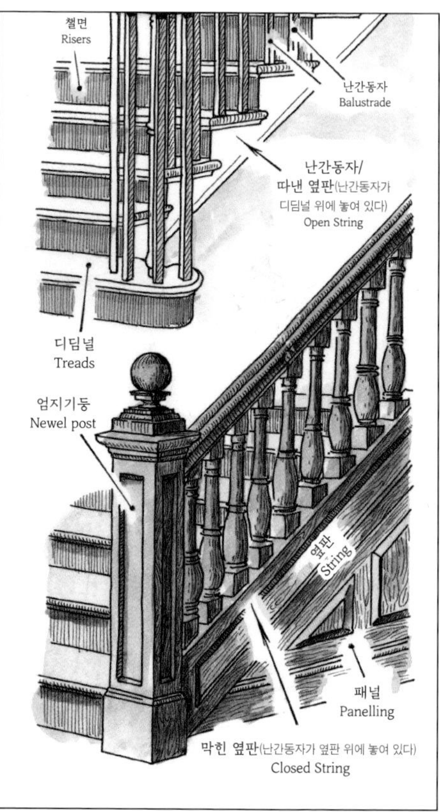

〈그림 6.16〉 계단 : 빅토리아 시대의 주택에서는 당시 사람들이 과거 양식의 부흥에 사로잡혀 있던 증거를 금방 찾아낼 수 있다. 디딤널 위에 놓인 가는 난간동자가 특징인 단순하고 우아한 섭정 시대의 계단은 이 시대 초기까지는 여전히 존재했지만, 엄지기둥과 측판이 부활하면서 다시금 주류로 올라섰다. 1840~80년대의 가구와 집기는 20세기 예술 평론가들에게는 대량 생산품이 지나치게 사용되었다는 점에서 전체적으로 낮은 평가를 받았지만, 계단만큼은 대량 생산품 덕분에 목선반 가공을 한 목제 부품의 가격이 낮아지면서 정교하게 세공된 난간동자를 손님의 눈에 잘 띄는 층만이 아니라 위층까지 사용할 수 있게 되었다. 폭이 좁은 카펫을 황동으로 만든 가느다란 막대로 눌러 고정했다. 계단 난간은 단면이 개구리의 등처럼 생긴 형태가 인기가 있었다.

〈그림 6.17〉 식당 가구 : 계단과 마찬가지로 이전 시대의 우아한 디자인은 17세기나 18세기의 가구를 모방한 것으로 바뀌었다. 그 대부분은 대량 생산품으로, 대범한 곡선미가 특징이었다. 식당에는 목조 세공 장식이 돋보이는 가구가 놓여 있었다. 예를 들어 단단한 목재로 만든 테이블은 오른쪽 그림과 같이 상판의 모서리를 둥글게 깎거나 완전한 반원형이었으며, 다리는 구근 모양으로 둥글게 세공한 자코비안 양식이나 좀 더 기품 있는 18세기풍의 디자인이었다. 또 한 가지, 이 시대의 눈에 띄는 특징으로 사이드보드 후면에 수납장을 달거나 중앙에 거울, 좌우에 문이 없는 선반을 달아 고급 은식기나 도자기 또는 유리 제품 등을 장식한 것을 들 수 있다.

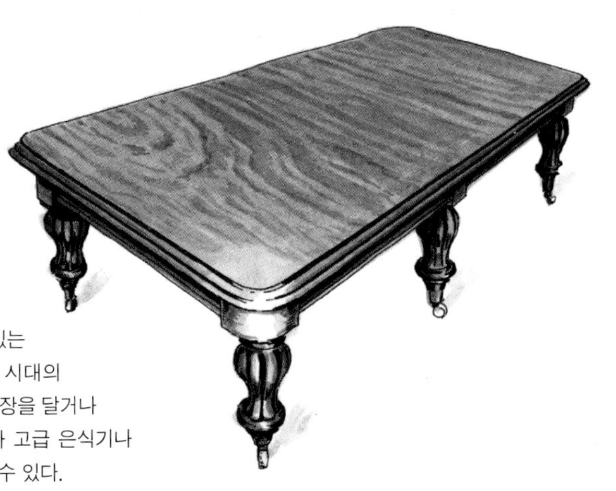

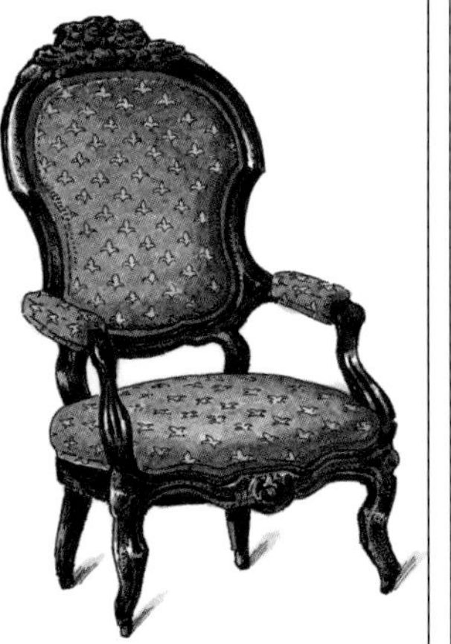

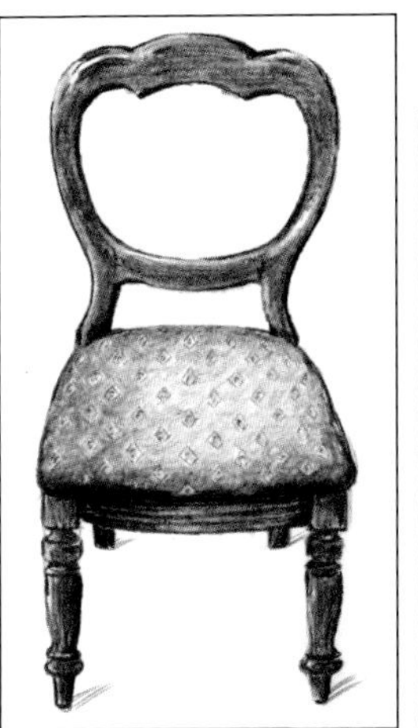

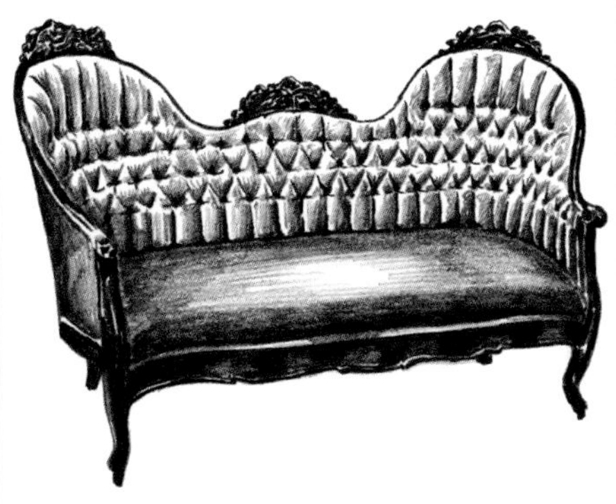

〈그림 6.18〉 의자와 소파 : 빅토리아 시대의 의자는 이전 시대보다 더욱 쾌적한 형태로 진화했다. 1850년대에는 스프링을 넣거나 속을 채워 단추로 장식한 가구가 유행했다. 정말이지 다행스러운 일이었다. 당시의 식사는 여섯 코스 이상의 메뉴가 나올 만큼 길었기 때문이다! 풍선처럼 둥글게 구부린 등받이와 가죽 또는 태피스트리로 씌운 식탁 의자는 이 시기의 가구라는 것을 쉽게 알아볼 수 있게 하는 특징이다(중앙). 그와 비슷한 형태로 전체에 쿠션을 댄 안락의자(armchair)도 자주 사용되었다(왼쪽). 의자 두 개를 붙여놓은 것처럼 보이는 형태의 소파도 인기가 있었다(오른쪽). 러브 체어(love chair)라고 불리는 조금 작은 타입도 있었다. 그 밖에도 현관홀에 두는 아담한 마호가니재 의자부터 두껍게 속을 채운 가죽 소재의 체스터필드 소파(chesterfield sofa)까지 매우 다양한 양식과 종류의 의자가 만들어졌다.

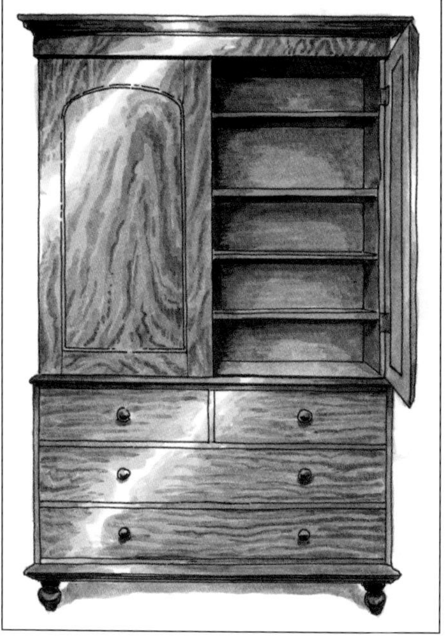

〈그림 6.19〉 침실 가구 : 19세기 중반부터 가구 제조업자들은 침실용 가구 전체를 세트로 제작하기 시작했다. 목재는 마호가니, 로즈우드, 월넛 등이 사용되었으며, 1870년대부터 조금 더 가벼운 소재가 나왔다. 왼쪽 그림과 같이 옷장에는 여전히 옷을 그대로 걸 수 있는 공간 대신 선반이 달려 있었다. 세면대(washstand)의 종류는 앞쪽이 활처럼 구부러진 받침대 위에 세면기를 올려놓은 것부터 나중에 나온 대리석 또는 나무로 만든 사각형 상판을 얹고 뒤쪽에는 타일을 붙인 낮은 널판을 달아 물이 튀어도 걱정 없는 종류까지 다양했다.

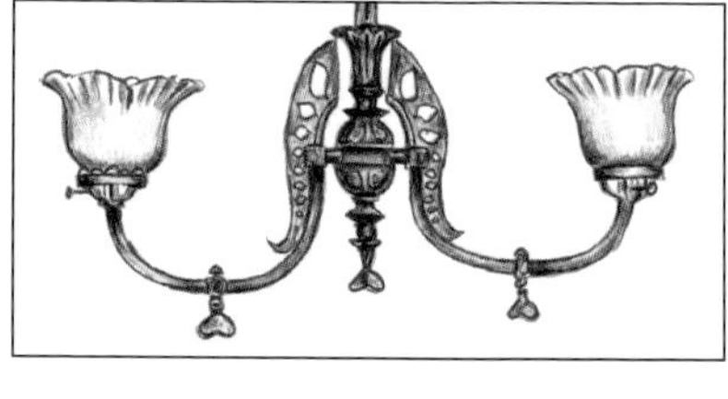

〈그림 6.20〉 조명 : 가스 조명은 이전 시대에도 사용하는 집이 있기는 했지만, 주로 상업 시설에 사용되었다. 개인 주택에 널리 보급된 것은 1850년대에 개축된 의회 의사당에 가스 조명이 도입된 이후의 일이다. 이런 초기의 가스등은 물고기 꼬리(fishtail)나 박쥐 날개(batwing) 모양의 불꽃이 나오는 것으로, 오일 램프보다 훨씬 밝았다. 그럼에도 지금의 전구에 비하면 절반 이하의 밝기였다. 이런 조명은 가스와 함께 검댕도 내뿜었기 때문에 주로 아래층 방에만 사용했으며, 가스등을 매단 천장에는 검댕이 묻는 것을 가리기 위해 장미 문양의 장식 판을 부착했다(그림 6.6). 이런 장식 판에는 연기를 배출할 수 있는 구멍이 뚫려 있는 경우도 있었다. 연기는 바닥 널 아래를 지나는 통기관으로 빠져나갔다. 오일 램프는 1850년대에 등유(paraffinic oil)가 사용되면서 개량이 이루어졌다. 등유는 가볍기 때문에 중력을 이용해 연료를 이동시킬 필요가 없었으므로 기름을 담는 용기를 불꽃이 나오는 부분보다 아래쪽에 두게 되었다. 이런 광원 위에 씌우는 전등갓은 다른 실내 장식품과 같이 화려한 장식이 사용되기도 했다. 꽃 모양으로 만든 투명 혹은 색유리를 사용한 전등갓도 있었고, 실크와 리넨, 양피지로 만든 전등갓은 가장자리에 술 장식이나 구슬을 달기도 했다. 석유로 고형 왁스를 만드는 기술이 개발되면서 파라핀 왁스로 만든 양초가 대량 생산되었다. 이를 계기로 이전 시대보다 오래가는 양초가 널리 보급되었다. 촛대는 청동, 유리, 황동, 도자기, 철, 은 또는 이런 것들을 모방한 가짜 소재 등의 다양한 소재로 만들어졌다.

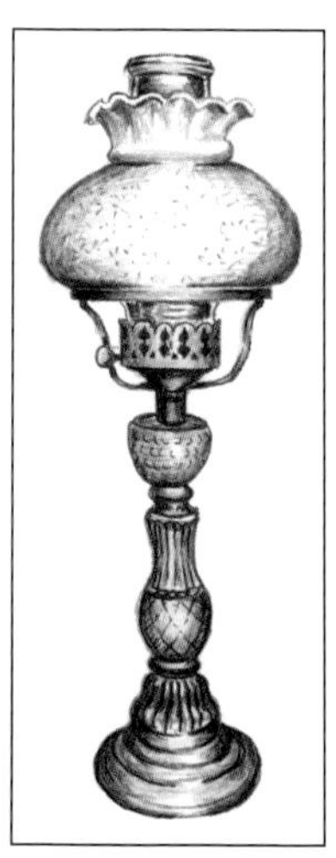

제 7 장

후기 빅토리아 양식 및 에드워드 7세 양식
Late Victorian and Edwardian Styles

1880~1920

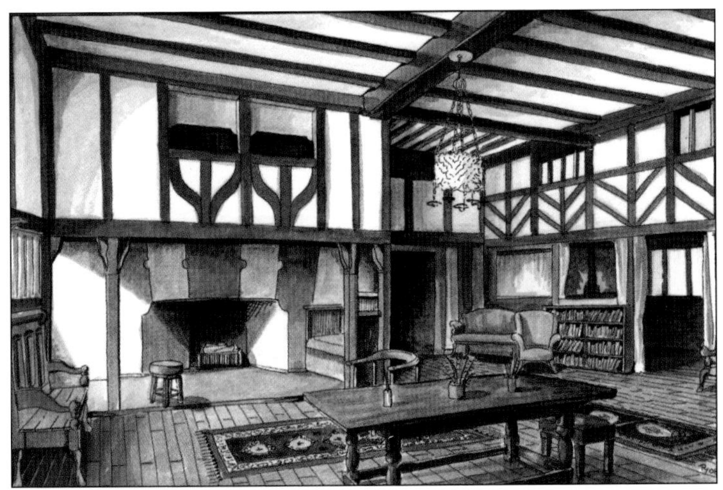

〈그림 7.1〉 홀, 윈더미어의 블랙웰 미술공예운동 주택 : 대저택의 인테리어는 점차 가정적인 규모를 지향했다. 영감의 원천은 17세기 장원 영주의 저택인 매너 하우스(manor house) 또는 농촌 주택인 팜 하우스(farm house)로, 성이나 교회가 아니었다. 미술공예운동파의 저명한 디자이너들은 공간과 빛 제어에 뛰어난 역량을 발휘했는데, 위 그림의 M. H. 베일리 스콧이 설계한 주택에도 그것이 잘 드러난다. 과거 양식을 본뜬 주택이라도 구조와 건축 방식은 최신식이었다. 이런 디자이너들은 간결하고 성실한 디자인을 바람직한 것으로 여겼으며, 그 신념은 점차 중류계급에까지 침투했다.

이 시기에 현대 세계의 근간을 이루는 다수의 것들이 실현에 이르진 못했지만 적어도 이론적으로는 성립했다. 동시에 제1차 세계대전으로 큰 충격을 받은 시대이기도 했다. 빅토리아 시대 말기부터 에드워드 7세 시대에 걸쳐 국가 상황에 대한 사람들의 불안과 관심이 크게 높아졌다. 외국과의 경쟁, 다수의 현대적인 발명, 오래된 귀족계급 질서의 붕괴. 이런 것들이 영국 국민들의 마음 한구석에 자리한 편협한 정서를 자극하고 고양시켰다. 자국의 역사 속 중세 문화를 미화하는 풍조와 확대일로의 대영제국은 현상(現狀)의 문제를 덮는 데 일조했다. 한편 유럽 대륙의 양식은 기묘하고 이질적인 것으로 여겨지게 되었다.

중류계급 사람들의 불안은 미술공예운동(Art & Crafts Movement)으로 어느 정도 완화되었다. 이것은 주로 존 러스킨(John Ruskin)의 저작과 윌리엄 모리스의 활동에 자극을 받아 일어난 사회 운동이었다. 미술공예운동은 공업 생산품에 짓밟힌 장인들의 존엄을 회복하는 것을 목표로 삼았다. 이를 달성하기 위해 선택한 수단은 장인들에게 훈련과 창조의 기회를 제공하고, 수작업으로 가구와 집기를 디자인해 제조·판매할 수 있도록 하는 것이었다. 각 지역에서 생산된 소재를 사용하고 기계 생산을 거부한 결과, 미술공예운동의 정신을 바탕으로 만들어진 제품은 비싸고 다소 엘리트주의적인 성격을 띠고 말았다. 그럼에도 그들은 디자인계의 수준을 끌어올리고 바람직한 이상을 확립하는 데 성공했다. 이런 이상이 다음 세대의 건축가들에게 자극을 주었다.

에드워드 7세 시대에 고전 양식 주택이 부활했지만 일부에 그치고 말았다. 이 시기에 투자가들이 지은 단독주택, 2세대 주택, 테라스하우스형 주택 거의 대부분이 영국 국내의 과거 양식을 모방했다. 모조 목골 구조(mock timber framing)와 외벽용 타일 그리고 미닫이창이 정면을 덮고 있었다. 1870년대의 탐미주의 운동은 미와 간결함에 관한 새로운 사상을 인테리어에 적용했다. 한편 리처드 노먼 쇼(Richard Norman Shaw), 찰스 프랜시스 앤슬리 보이지(C. F. A. Voysey), 베일리 스콧(Baillie Scott) 등은 건축주의 요청에 따라 역사를 재해석하는 방식을 채용했다. 빛과 공간을 제어해 독창적이고 참신한 거실 겸 홀(그림 7.1)과 밝은 응접실을 만든 것이다. 이런 새로운 인테리어는 대중적인 관점에서는 지나치게 대담한 시도였지만, 일부 아이디어는 중류계급의 주택에도 도입되었다. 벽지, 직물, 타일 등에는 간략화한 평면 디자인을 사용하고 밝은 색상과 장식을 억제하는 것이 콘셉트였으나 현대인의 관점에서는 여전히 정신없게 느껴진다. 그래도 초기 빅토리아 시대의 인테리어에 비하면 압박감은 줄었다.

새로운 주택 대부분이 급격히 발전하는 교외 지역에 지어졌다. 이런 지역은 땅값이 비교적 저렴했기 때문에 큰 건물을 지을 수 있었다. 경우에 따라서는 그 지역 출신 건축가와 목수가 함께 저명한 미술공예운동파 건축가의 작품을 본뜬 단독주택을 짓기도 했다. 방은 좌우대칭 구조를 따르지 않고 현관문 안쪽에 중세의 홀을 모방한 사각형 방이 있고 주방은 안채에 배치했다. 비좁은 도시의 주택을 떠나 교외의 테라스하우스로 이주한 사람들은 여유가 생긴 공간에 주로 현관홀을 만들었다. 큰 주택의 경우, 통로의 폭이 넓어지면서 문 양옆에 유리창을 끼우고 작은 가구와 난로를 두는 공간도 있었다(그림 6.3). 이 무렵 중류계급의 주택에는 욕실이 보급되고, 그 옆에 별도의 화장실도 만들어졌다.

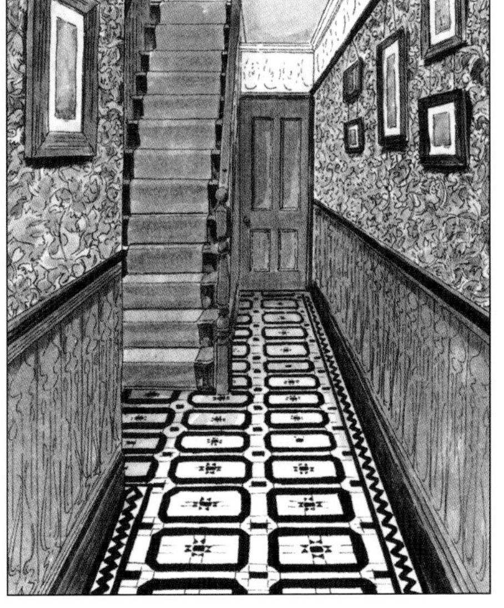

〈그림 7.2〉 현관홀 : 후기 빅토리아 시대와 에드워드 시대에는 집 안으로 들어갈 때 통과하는 홀의 종류가 다양해졌다. 테라스하우스의 경우에는 좁은 통로형이 많고 더 큰 미술공예운동 양식 주택에는 온전히 방 하나 크기의 홀도 있었다. 대개의 경우 실내 장식은 여전히 먼지나 가구의 손상에 대처할 필요가 있었기 때문에 현대의 감각으로는 어두운 색조가 많다. 허리 높이의 다도 레일로 벽을 보호했으며, 아래쪽은 돌출 무늬의 아나글립타(Anaglypta) 벽지(p.85)를 발랐다. 위쪽은 밝은 색상의 무늬가 들어간 벽지나 도료를 칠했다. 파란색, 적갈색, 녹색이 인기가 있었으며, 아래쪽은 갈색과 금색이 사용되었다. 흑백의 도기 타일을 깐 바닥은 에드워드 7세 시대의 주택에서 큰 인기를 끌었다.

〈그림 7.3〉 응접실 : 응접실은 여전히 여성적인 인테리어를 유지했다. 벽지는 밝은 색 꽃무늬 등의 무늬가 들어간 것이 많고, 픽처 레일 위쪽에는 프리즈(frieze)를 두르는 것이 이 시기의 유행이었다. 분홍색, 크림색, 연녹색, 연보라색 등의 색상과 스텐실 또는 스투코(stucco)로 무늬를 만들거나 돌출 무늬 벽지를 바른 천장 등이 인기가 있었다. 난로 위에는 선반을 설치하는 것이 특징이었는데, 장식품을 올려두기 위한 개방식 선반이나 고급 주택의 경우에는 좌우에 유리를 끼운 찬장을 달기도 했다. 유리 찬장은 보통 흰색으로 칠했는데, 이전 시대에는 비교적 드문 취향이었다. 실내는 프랑스 창을 달아 더욱 밝아졌다. 이 프랑스 창과 배수 설비가 향상된 덕분에 이 시대의 정원은 출입이 쉽고 쾌적한 장소가 되었다.

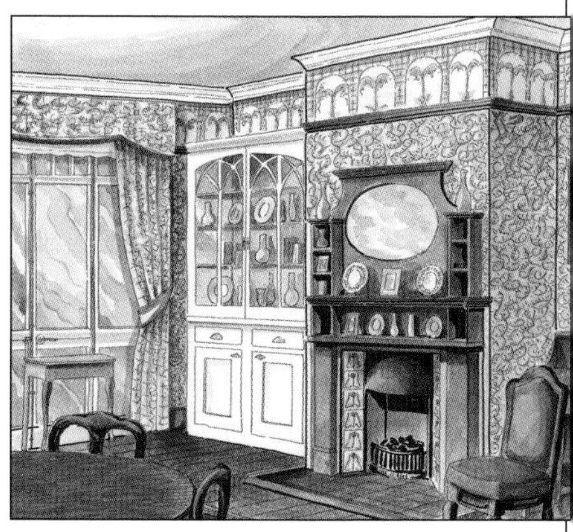

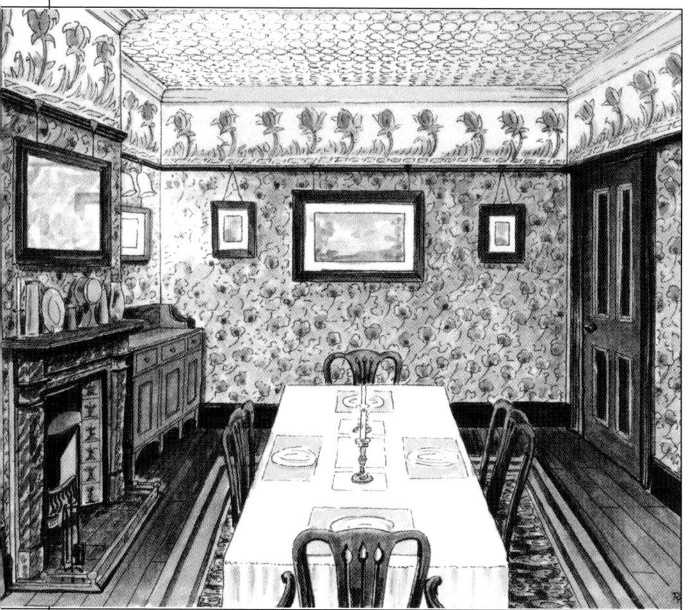

〈그림 7.4〉 식당 : 진홍색, 녹색, 파란색 등이 계속해서 인기가 있었으며, 줄무늬 등의 무늬가 들어간 벽지가 주로 사용되었다. 이런 벽지는 회화 작품의 배경으로도 잘 어울렸다. 액자를 걸 때는 픽처 레일을 이용했다. 에드워드 7세 시대의 주택에서는 픽처 레일을 문 상부 높이에 맞추는 것이 일반적이었다. 난로 프레임은 보통 짙은 색 목재나 점판암 또는 대리석으로 만들었으며, 안쪽에는 타일을 붙여 장식했다. 또 벽을 패널로 덮는 집도 있었는데, 미술공예 운동파 디자이너는 염색이나 가공을 하지 않은 오크재 등의 목재를 권했다.

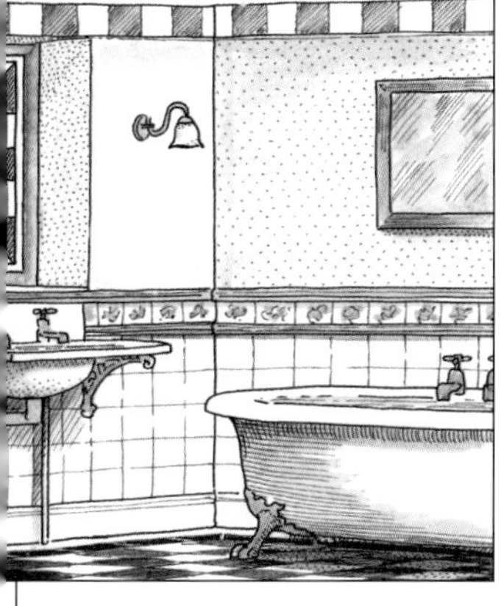

〈그림 7.5〉 욕실 : 이 시기의 중류계급 주택에는 대부분 욕실이 설치되어 있었다. 상류계급에서는 여전히 욕실을 받아들이려 하지 않는 사람도 많았다. 사용인들이 있었기 때문이다. 더 저렴한 주택에서는 제2차 세계대전 이후까지도 욕실이 있는 경우가 흔하지 않았던 듯하다. 욕실이 막 등장했을 무렵과 달리 청결함에 대한 관심이 높아졌기 때문에 욕실 설비는 상자 안에 수납할 수 있는 수준을 넘어섰으며, 수도관까지 그대로 드러나 있는 상태였다. 욕조 양옆에는 약간의 장식을 더하기도 했다. 가장자리의 곡선(roll top)이 특징인 법랑 욕조는 1880년대부터 사용되었으며, 공 따위를 움켜쥔 동물의 발톱 모양을 형상화한 다리를 달아 지지했다. 욕조와 조화를 이루는 디자인의 도기 세면대를 설치했으며, 위쪽에는 니켈이나 황동으로 만든 수전을 달았다. 당시에도 아직 이런 세면대를 래버토리(lavatory)라고 불렀다. 수세식 변소(water closet)는 대개 욕실과 따로 구분되어 있었다. 당초에는 저수탱크를 높은 곳에 설치했으나 1890년대 후반이 되면 낮은 장소에 설치할 수 있게 되었다. 간혹 꽃무늬나 풍경을 그려 넣은 도기 변기도 있었다.

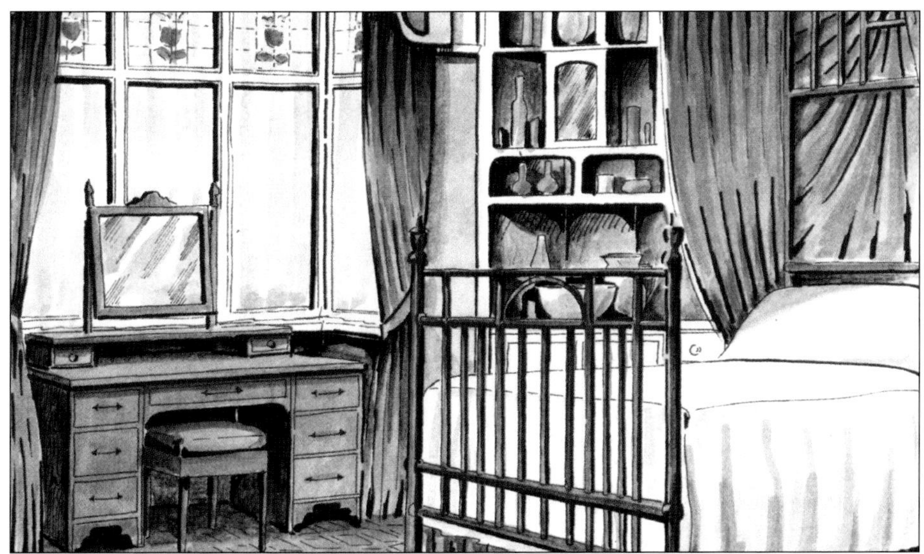

〈그림 7.6〉 침실 : 실내를 더 밝게 만들기 위한 궁리는 계속되었다. 벽에는 연분홍색, 베이지색, 파란색 등을 사용하고, 창호는 크림색이나 연녹색, 천장은 흰색이었다. 벽지의 무늬는 과일, 꽃, 리본 등이었고, 친츠 커튼은 연한 색조가 인기가 있었다. 어린이방 전용으로 디자인된 벽지도 살 수 있게 되었다. 최신 유행으로 꾸민 침실에는 붙박이 가구도 있었다. 난로 양옆에 흰색으로 칠한 붙박이장이나 개방식 선반을 설치하고, 위에는 부속 기구가 딸린 세면대를 놓았다. 이 시기에 규모가 큰 중류계급의 주택에는 2층 높이의 퇴창이 보급되었기 때문에 특히 채광이 좋은 퇴창 안쪽 공간에 화장대(dresser)를 놓을 수 있었다.

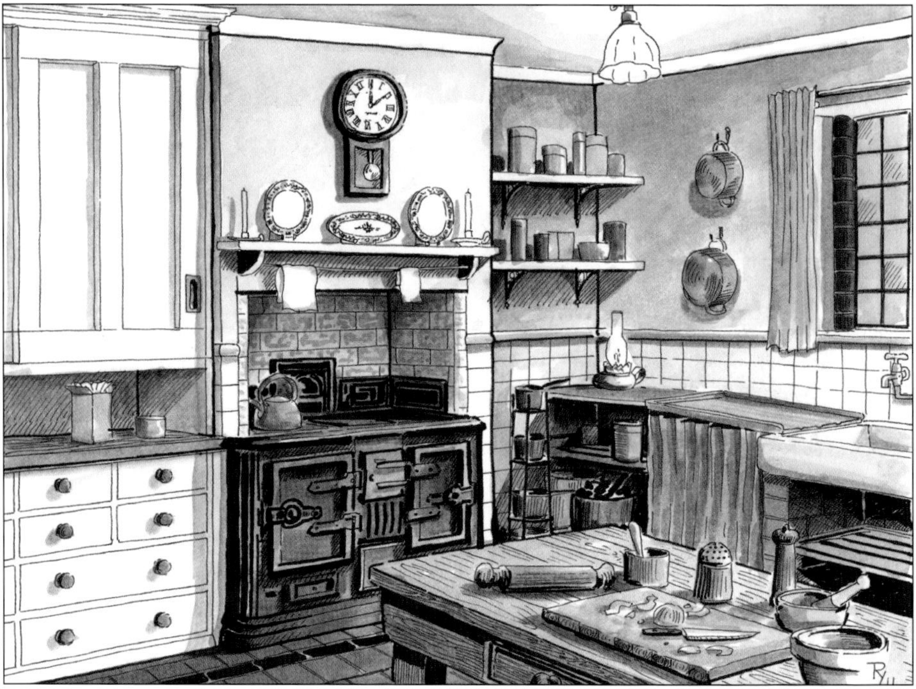

〈그림 7.7〉 주방 : 에드워드 7세 시대의 큰 주택에서는 주방을 안채에 만들었다. 위의 그림과 같은 붙박이 가구를 설치하기도 했다. 대개의 경우 개수대는 요리를 하는 공간으로 사용되었으며, 세탁은 세탁실이나 부엌방(scullery)에서 따로 했다.

〈그림 7.8〉 밀폐식 레인지 : 대다수 주택의 주방에서 오븐과 오븐 사이에 아궁이를 설치한 밀폐식 레인지를 사용하게 되었다. 이 시기에 보일러는 보통 뒤쪽에 있었으며, 그 위에 요리용 철판을 놓았다. 앞쪽으로 돌출된 화격자 위에는 직화구이용 로스터(roaster)를 거치해 사용할 수 있었다. 이런 레인지는 관리가 쉽지 않았기 때문에 가스 조리기가 인기를 끌게 되었다.

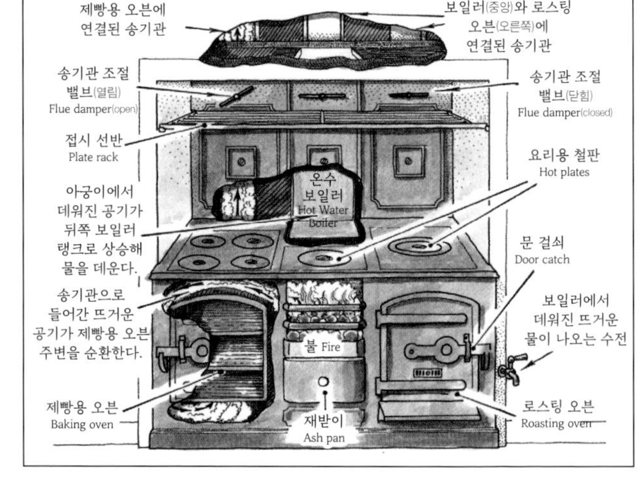

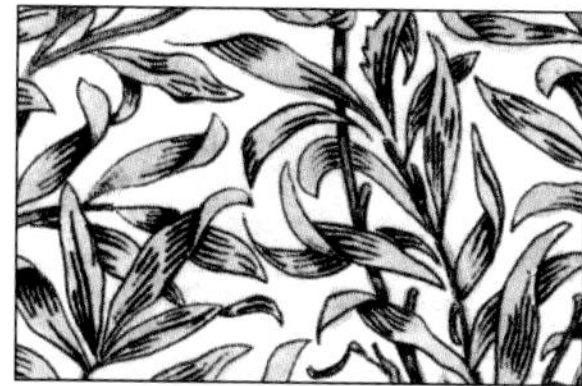

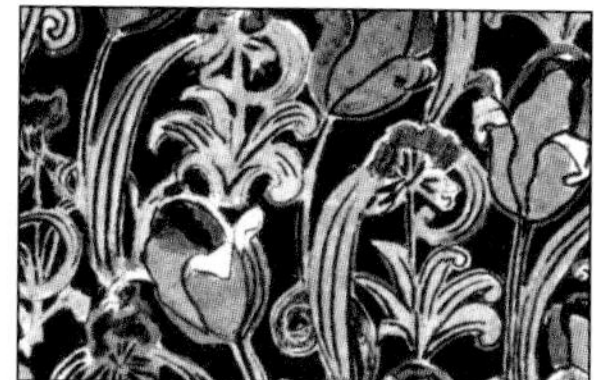

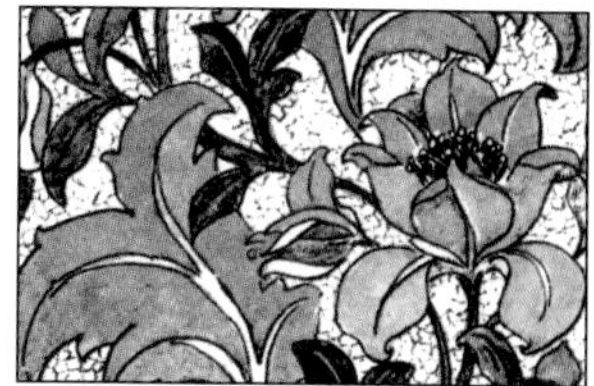

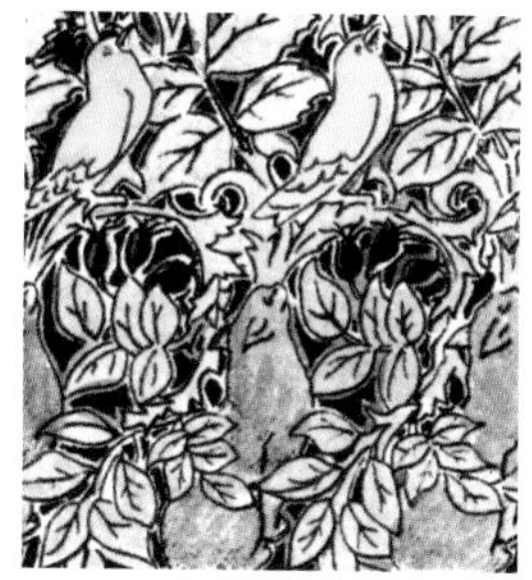

〈그림 7.9〉 벽 : 윌리엄 모리스나 C. F. A. 보이지와 같은 디자이너는 평면적인 패턴의 아름다움을 강조했다(왼쪽 상단, 왼쪽 하단). 그들의 영향을 받은 벽지 디자인도 등장했다(중앙 상단, 오른쪽 상단). 하지만 그림자나 하이라이트로 입체감을 연출하는 방식도 꾸준히 사용되었다. 픽처 레일 위쪽 프리즈에 붙이는, 메인 벽지와 디자인을 통일한 제품이 판매되었다. 또 돌출 무늬 벽지 세트나 스텐실 인쇄 벽지 중에는 예컨대 과일 무늬의 식당용 벽지와 같이 각 방의 사용 목적에 맞는 문양의 벽지도 만들어졌다. 이 시기 이후에는 벽지의 색상이 밝아졌다. 또 1890년대에는 창호를 흰색으로 칠하게 되면서 벽지를 바르는 것보다 색을 칠하는 편이 세련된 인테리어로 여겨졌다.

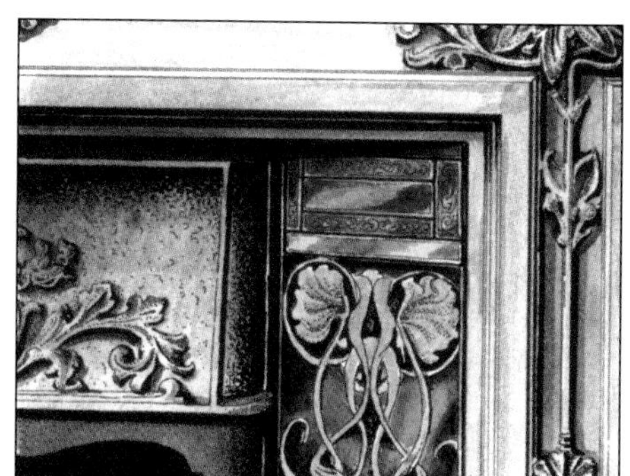

〈그림 7.10〉 벽타일 : 유약을 발라 구워낸 벽타일의 가격이 낮아지자 주방, 욕실, 현관홀, 바깥 출입문 주변 등 집 전체에 벽타일을 사용하는 방식이 유행했다. 가장 좋은 타일은 난로의 주철로 만든 통풍 조절 밸브가 달린 화격자 양옆에 붙였다. 비스듬한 각도로 붙여 더 많은 열을 실내로 반사할 수 있게 한 것이다. 이런 타일에는 전통적인 무늬가 사용되었으며, 미술공예운동파 디자이너의 영향으로 흰색과 파란색의 델프트 도기(delftware, 그림 4.5)가 인기를 끌었다. 또 아르누보 양식(19세기 말부터 20세기 초두에 유행한 장식 양식. 곡선과 자연적 모티브를 많이 사용했다-역주)의 경우, 위쪽 그림과 같이 꽃을 도안화한 디자인이 사용되었다.

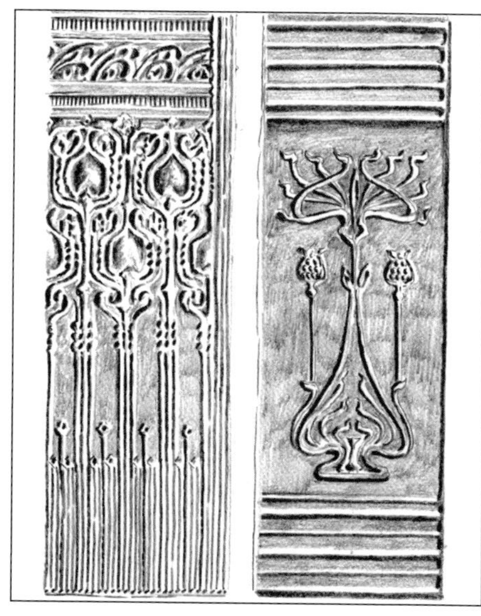

〈그림 7.11〉 아나글립타 : 돌출 무늬의 아나글립타 벽지 등을 현관홀에 사용하는 것이 크게 유행했다. 위쪽 그림은 모두 아르누보 양식으로 도안화된 꽃무늬. 유럽풍의 아르누보 양식 벽지는 유럽의 유행이 영국의 가정에까지 파급된 소수의 예 중 하나였다.

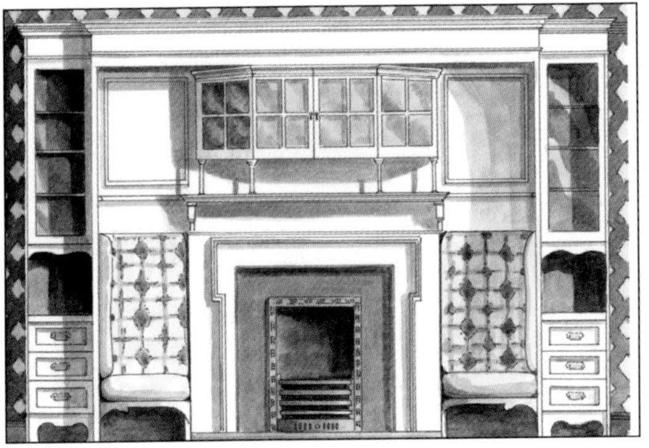

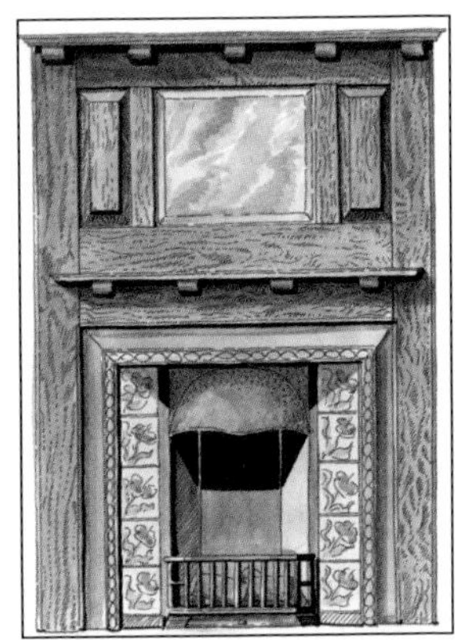

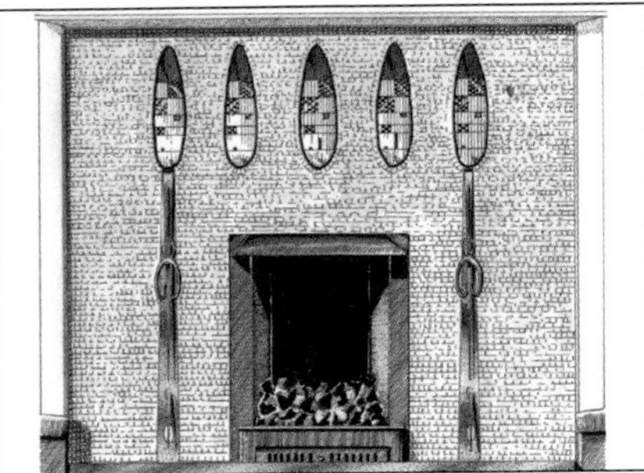

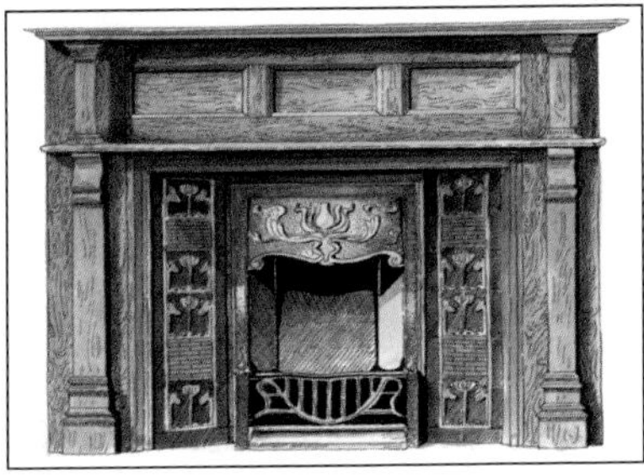

〈그림 7.12〉 난로 프레임 : 난로 상부의 장식 선반(overmantel)이나 붙박이장은 에드워드 7세 시대 난로 프레임의 두드러진 특징이다. 찰스 레니 매킨토시(Charles Rennie Mackintosh)와 같은 일류 디자이너는 장식이 많지 않은 지극히 현대적인 디자인의 난로 프레임을 만들었다(왼쪽 하단). 하지만 당시로서는 지나치게 참신한 디자인이었다.

〈그림 7.13〉 통풍 조절 기능을 갖춘 화격자 : 이 시기에 통풍 조절 밸브가 달린 화격자가 개선되었다. 재받이에 개폐식 통풍구를 만들어 연료를 제어할 수 있게 되었으며, 양옆에는 비스듬한 각도로 타일을 붙여 더 많은 열을 반사하도록 만들었다. 또 앞쪽으로 돌출된 화격자 위에 덮개를 달아 연기가 굴뚝으로 더 잘 빠져나가도록 했다. 미술공예운동 양식의 인테리어에서는 동판을 두드려 만든 덮개가 인기가 있었다. 일부 대저택에서는 장작을 때는 난롯가(inglenook)를 부활시켰다.

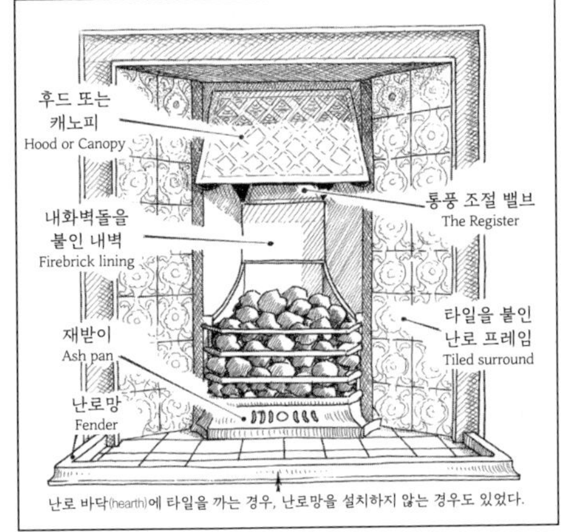

난로 바닥(hearth)에 타일을 까는 경우, 난로망을 설치하지 않는 경우도 있었다.

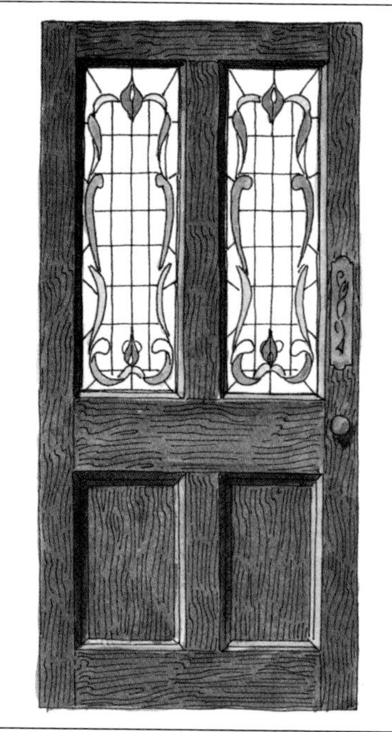

〈그림 7.14〉 문 : 4장의 패널로 된 문이 꾸준히 인기를 누렸지만, 20세기가 되자 폭넓은 양식에 맞게 다양하게 변형된 문이 만들어졌다. 현관문으로는 위쪽에 유리를 끼운 문이 인기가 있었으며, 보통은 간유리나 에칭 유리(약품으로 부식시켜 모양을 그리는 방법-역주) 또는 착색유리 등을 끼우는 장식 방식이 사용되었다. 일부 주택에서는 응접실을 건물의 전면과 후면으로 둘로 나누기 위해 이런 문을 사용하기도 했다.

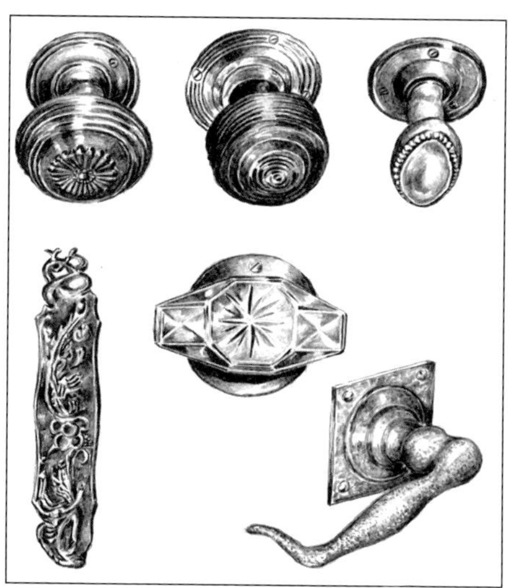

〈그림 7.15〉 문 부품 : 노브형 문손잡이가 실내용으로 꾸준히 사용되었다. 미술공예운동 양식의 인테리어에서는 오른쪽 하단과 같은 수제 손잡이를 달기도 했다. 황동, 나무, 유리, 도기 등의 소재가 널리 사용되었으며, 벌집 모양(bee hive, 중앙 상단)이 특히 인기가 있었다. 보통은 같은 소재나 동판을 두드려 만든 밑판(왼쪽 하단)을 함께 부착해 사용했다.

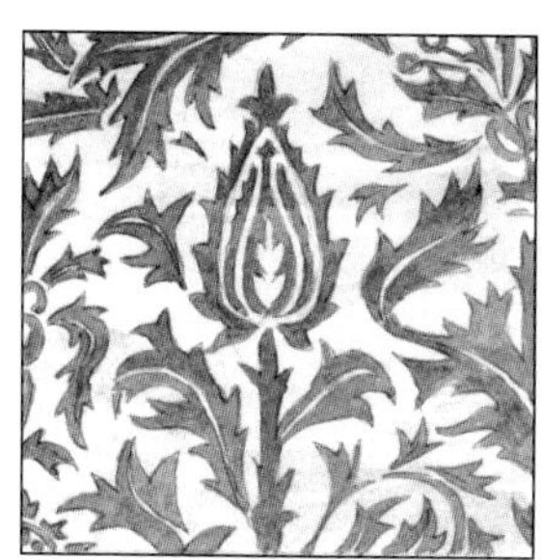

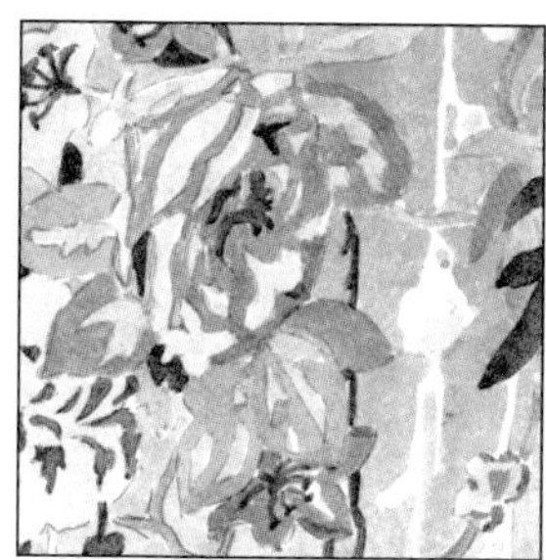

〈그림 7.16〉 직물 : 디자인에 변화가 있었다. 미술공예운동파 디자이너들이 즐겨 사용한 것은 평면적이고 양식화된 자연의 모티브였다(왼쪽). 하지만 더 널리 사용된 것은 정교한 꽃무늬(오른쪽)로 여전히 복잡해 보이지만, 전 시대에 비하면 간결하고 명쾌한 디자인으로 바뀌었다.

〈그림 7.17〉 커튼 : 커튼을 여러 겹 겹쳐서 사용하던 이전 시대보다 간결한 방식으로 바뀌었다. 보통 두께에 따라 여름용과 겨울용으로 나뉘었으며, 그 아래 블라인드나 레이스 커튼을 달았다. 레이스 커튼은 오른쪽 그림과 같이 여닫이창의 아래쪽에만 다는 경우가 많았다. 얇은 면이나 리넨 또는 가로 골 무늬가 들어간 크레톤과 친츠가 유행했다. 다만 친츠는 청결함에 대한 관심이 높은 시대였기 때문에 세탁을 하면 원래의 광택을 잃었을지 모른다. 커튼레일 덮개는 장식적인 디자인 대신 심플한 주름 장식 정도로 바뀌었다. 한편 미술공예운동 양식의 실내 장식에서는 금속이나 목제 커튼레일 이외의 호화로운 장식은 하지 않는 경우가 많았다.

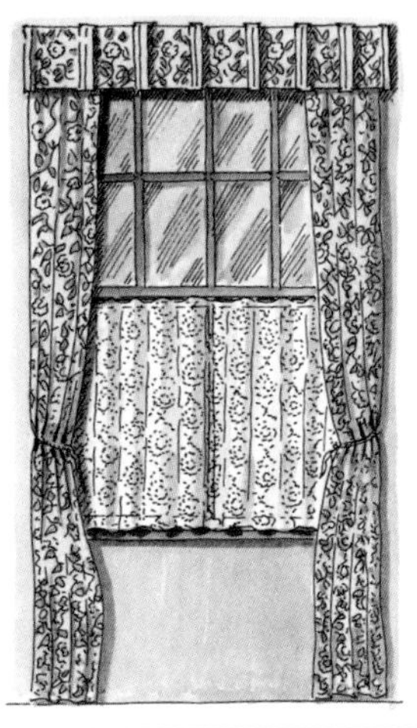

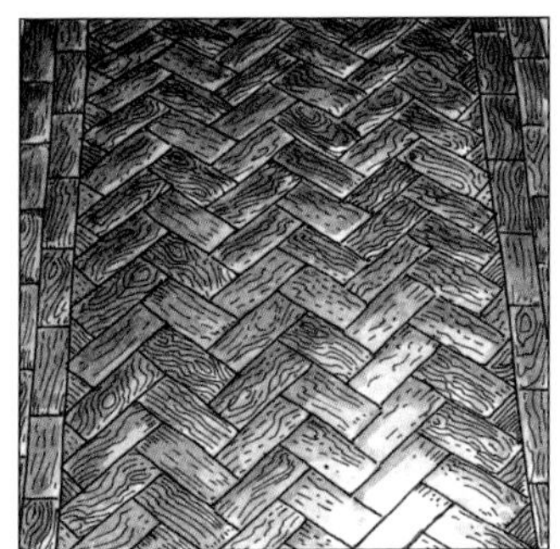

〈그림 7.18〉 바닥 : 바닥에는 여전히 염색을 하거나 색을 칠한 두꺼운 나무 널을 깔고 그 위에 커다란 러그나 카펫을 덮어 사용했다. 바닥 전체를 덮는 크기의 카펫은 청소가 어려워 인기가 없었다. 나무쪽을 짜 맞춰 기하학 무늬를 만든 바닥(왼쪽)의 인기가 높았으며, 주방과 침실, 어린이 방에는 리놀륨(그림 6.11)이 사용되었다.

〈그림 7.19〉 가구 : 가구 시장에서는 과거의 양식을 모방한 가구의 인기가 여전히 뜨거웠다. 한편 미술공예운동파 디자이너들은 숙련된 장인의 수작업을 통해 아름답고 우아하며 혁신적인 가구를 만들어냈다. 그 한 예로, 오른쪽 그림의 C. F. A. 보이지의 장식 선반을 들 수 있다.

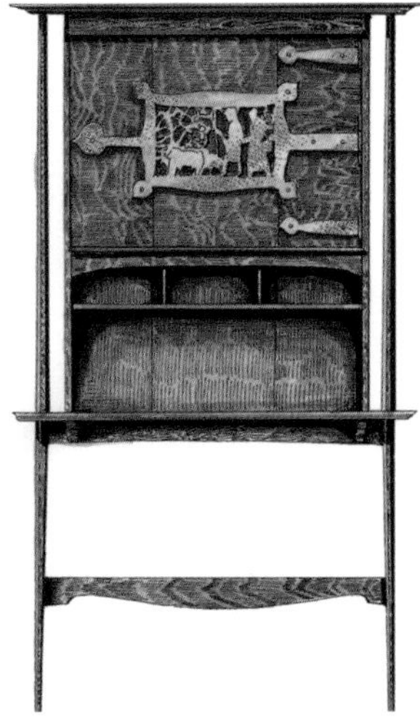

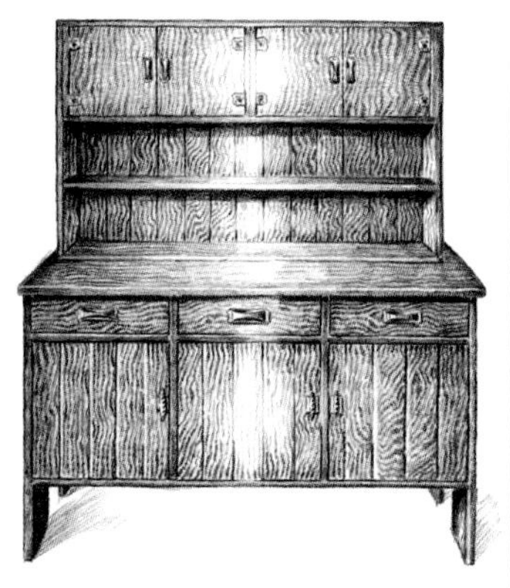

〈그림 7.20〉 가구 : 목재는 이전에 비해 전체적으로 가벼워졌다. 마호가니, 오크를 비롯해 티크와 월넛재가 인기가 높았다. 미술공예운동 양식의 가구는 수작업으로 만들었기 때문에 고급 제품이라는 인식이 있었다. 소재는 주로 오크, 서양주목, 느릅나무였으며, 부속 기구는 백랍(pewter), 철, 황동을 사용했다. 미술공예운동 양식의 가구는 왼쪽 그림의 식기장(dresser)과 같이 전원풍의 견고하고 간결한 것도 있고, 우아하고 섬세한 요소를 갖춘 것도 있었지만 전체적으로 간소하고 사용 편의성이 뛰어난 가구가 많고, 장식은 정교한 금속 부품 정도로 한정되었다. 다만 이런 가구를 저렴하게 만들 수 없었기 때문에 장인의 공방은 '힐즈'나 '리버티' 같은 상점에 진열된 대량 생산된 복제품과의 경쟁에 밀려 실패로 끝나는 곳도 많았다. 특히 조지 왕조 시대의 치펜데일(그림 4.12), 헤플화이트(그림 4.15), 셰러턴(그림 4.17)의 복제품은 인기가 있었다. 또 등가구나 죽세공 가구는 응접실이나 베란다에서 사용되었다.

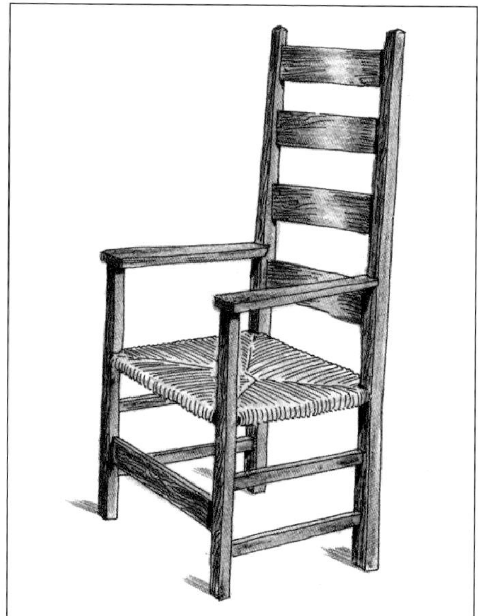

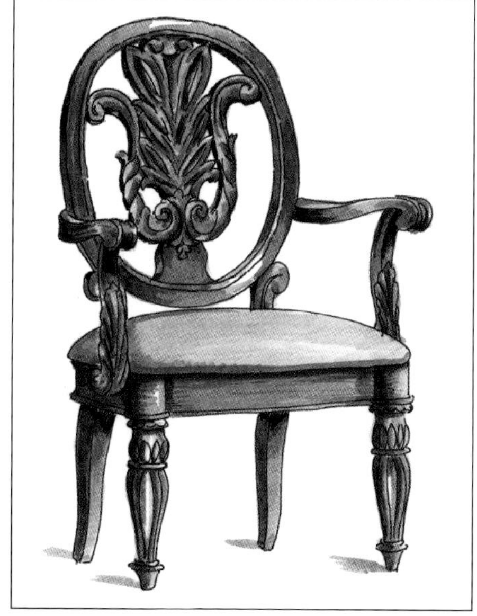

〈그림 7.21〉 의자 : 전통적인 코티지 양식 의자가 미술공예운동파 디자이너들에 의해 재탄생했다(왼쪽). 주로 단순한 오크재 프레임과 골풀을 엮어 만든 좌면(座面)으로 구성된 것이 많았다. 한편 조지 왕조 시대의 식탁 의자를 재현한 것(오른쪽)도 인기가 있었다. 전체적으로 이 시기의 안락의자나 소파는 직선형 등받이에 커버를 씌운 것이 많았다. 의자나 소파 커버는 꽃무늬 친츠나 실크 또는 가죽을 사용했다.

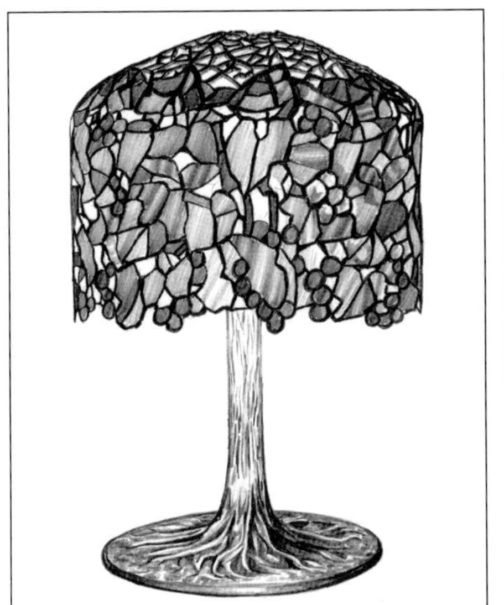

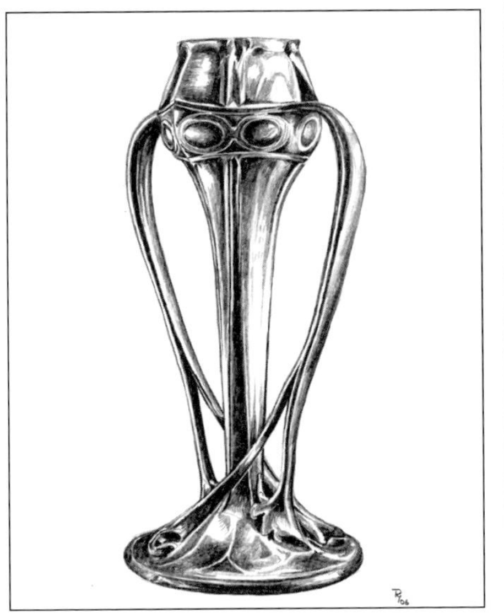

〈그림 7.22〉 장식품 : 눈에 띄게 양식화된 자연의 형태는 20세기 최초의 10년 동안 유행한 아르누보 양식의 특징이다. 위 그림은 루이스 컴포트 티파니(Louis Comfort Tiffany)의 램프. 독특한 줄기 장식과 잎을 형상화한 스테인드글라스 전등갓이다. 아래 그림은 아치볼드 녹스(Archibald Knox)의 장식품. 자연의 형태와 켈트 패턴을 혼합했다.

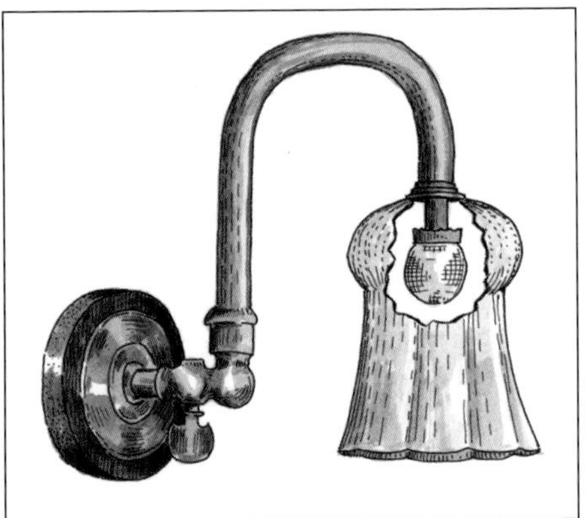

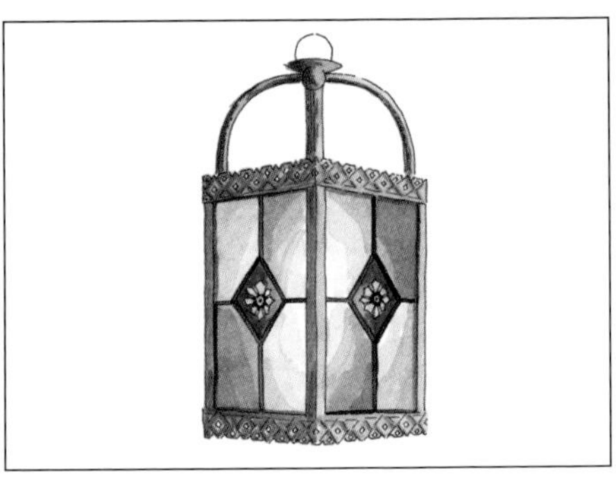

〈그림 7.23〉 가스등 : 1890년대까지 가스를 이용한 조명 기술의 진보가 이루어졌다. 가스맨틀(gas mantle, 그물 모양의 발광체로, 점화구에 씌워 밝기를 향상시켰다-역주)이 보급되었으며, 불꽃을 아래쪽으로 향하게 해 그림자를 줄일 수 있게 되었다(상단). 등이 하나뿐인 펜던트 라이트는 방 중앙에 매달고, 난로 양옆의 벽에 단 돌출형 촛대(sconce)와 함께 사용했을 것이다. 장식적인 랜턴(하단)은 현관홀에 보급되었다. 신축 주택에는 조금씩 전기가 들어오는 곳도 있었지만, 제1차 세계대전 시대에도 널리 보급된 상황은 아니었다. 전구의 모양은 효율을 높이기 위해 계속 바뀌었다. 다만 집 안에 소켓이 몇 개 되지 않았기 때문에 전기 램프를 사용할 기회는 많지 않았다. 오래된 주택에는 이 시기 말경에도 전등은 물론 가스등도 달려 있지 않은 곳이 많았을 것이다.

제 8 장

전간기 및 전후 양식
Inter and Post War Styles

1920~1960

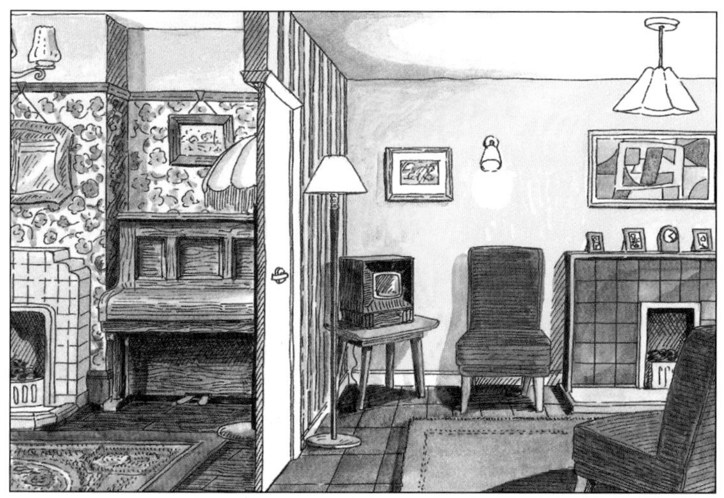

〈그림 8.1〉 1930년대 거실(왼쪽)과 1950년대 말의 거실(오른쪽). 이 시기에 일어난 극적인 변화를 보여준다. 1930년대에도 이전 빅토리아 시대에 비해 밝아진 실내와 차분해진 장식을 확인할 수 있다. 하지만 이후 시대가 되면 천장이 더 낮아지고 장식은 간소하고 밝은 색상으로 바뀌었으며, 기능적인 가구와 집기, 피아노 대신 텔레비전이 놓이게 되었다.

마지막 시대는 뚜렷한 사회 변화로 특징지을 수 있을 듯하다. 다시 말해, 할리우드 영화나 애거사 크리스티(Agatha Christie)의 소설에 나올 법한 풍요로운 사회에서 대공황(1929년 미국의 주가 폭락으로 시작된 세계적 불황-역주)과 재로(Jarrow)의 대행진(1936년 빈곤에 허덕이던 북동 잉글랜드의 도시 재로에서 런던까지 200명 남짓한 노동자들이 실업 대책을 요구하는 항의 행진을 했다-역주)이 전개되는 사회로의 변화이다. 두 번의 세계대전은 전례를 찾아볼 수 없을 정도의 많은 사상자를 냈으며, 그와 동시에 변화에 대한 욕구와 현대화를 인정하는 사회적 분위기가 조성되었다. 이전 시대부터 이미 행동에 나선 정부의 대응으로 귀족들이 소유한 부를 방출해 좀 더 평등하게 분배하려는 움직임이 시작되었다. 당시 중류계급은 낮은 금리의 주택 융자 덕분에 새집을 살 수 있게 되었으며, 노동자계급의 사람들은 새로운 공영 주택단지(Council Estate)에 거주하며 견실한 회사에 다녔다.

이렇게 이 시대에는 교외 주택지에 대량의 새 주택이 지어졌다. 대규모 건축회사가 저렴한 농업용지를 모두 사들여 대로(avenue)와 반월형 보도(crescent), 막다른 골목(cul de sac) 등을 조성해 2세대 주택을 나란히 지었다. 이런 집의 형태에는 분명한 특징이 있었다. 모임지붕(hipped roof. 지붕의 네 방향의 면이 모두 비스듬히 기울어져 있는 것-역주)과 커다란 퇴창이 달린 건물 2채가 나란히 연결되어 있고, 각 건물의 정면에 배치한 출입구를 통해 이전보다 널찍한 현관홀로 들어가게 되어 있었다. 이렇게 여유롭던 건축 용지가 제2차 세계대전 이후 점차 축소되었다. 신축 주택을 원하는 사람은 넘쳐났지만, 지불할 수 있는 자금이 부족했기 때문에 건축업자들은 모든 땅에 전보다 많은 주거 공간을 집어넣을 수밖에 없었다.

미술공예운동 양식은 1920~30년대에도 계속해서 주택 외관에 영향을 미쳤지만, 차세대 건축 디자이너들은 기계를 이용한 가구 제조에 눈을 돌렸다. 현대적이고 기하학적인 형태를 사용하고, 이국적인 정서나 이집트 문화를 도입하는 등 세계로 눈을 돌린 새로운 양식을 만들었다. 오늘날 이런 양식을 아르데코(art deco) 양식이라고 부른다. 밝은 색의 유선형 건물과 계단형 유리창 또는 크롬 도금한 창호 등이 이 시대의 특징으로, 이런 특징은 상업 건축이나 영화관 등에서 더욱 뚜렷이 나타난다. 대부분의 집주인들은 전통적인 양식과 저렴한 기성품을 섞는 방식에서 벗어나지 못하고 있었다. 1950년대 중반에는 현대주의(modernism) 양식이 널리 보급되었다. 새로운 소재와 대량 생산품의 보급으로 현대주의 양식의 가구와 실내 장식의 가격이 더 저렴해진 것이다.

교외에는 새 주택을 지을 건축 용지가 넓었기 때문에 실내 공간도 더 넓게 사용할 수 있었다. 보통 앞쪽의 거실과 뒤쪽의 식당이 현관홀로 이어져 있고, 눈에 띄는 장소에 계단을 배치한 구조가 많았다. 주방은 뒤쪽 구석에 있었으며, 이전과 달리 세탁과 요리를 한 공간에서 할 수 있게 되었다. 주방에는 독립된 조리 기구가 있고, 식품을 보관하는 붙박이장은 보통 계단 아래쪽에 설치했다. 다만 지금은 떼어낸 집도 많다. 픽처 레일은 전간기(戰間期, 1918년 제1차 세계대전의 종결부터 1939년 제2차 세계대전이 발발하기까지의 기간-역주) 주택에는 계속 남아 있었지만, 이후에는 장식이 없는 벽에 굽도리 널만 두르는 방식이 표준이 되었다. 1930년대의 최신 주택은 태양 빛을 찬미하는 듯한 형태였다. 금속 프레임을 두른 커다란 유리창뿐 아니라 평평한 지붕 위에 발코니나 일광욕실(sun lounge)까지 만들었다. 이 시대에 가드닝이 대중에 널리 퍼졌다. 중류계급의 주택에서는 집 뒤편의 퇴창이나 프랑스 창을 통해 바로 정원으로 나갈 수 있게 되면서 정원이 집의 일부가 되었다.

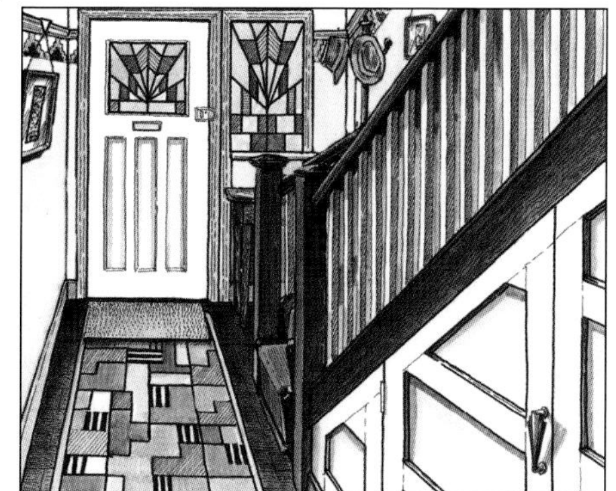

〈그림 8.2〉 1930년대의 현관홀 : 교외 지역은 땅값이 저렴했기 때문에 집을 가로로 넓게 지을 수 있었다. 그렇게 넓힌 부분은 대부분 멋진 현관 공간을 만드는 데 할애했다. 빅토리아 시대 말의 테라스하우스에는 좁은 복도가 다였지만, 이 시기의 교외 주택에는 널찍한 홀을 만들 수 있었다. 덕분에 난간을 설치한 계단을 전면에 배치할 수 있는 공간을 확보했으며, 작은 가구를 놓을 정도의 여유도 생겼다. 문 옆에 단 창의 모양은 전 시대에 사용했던 꽃이나 문장에서 기하학 무늬로 바뀌면서 현관홀 안쪽을 훨씬 밝은 공간으로 만들었다.

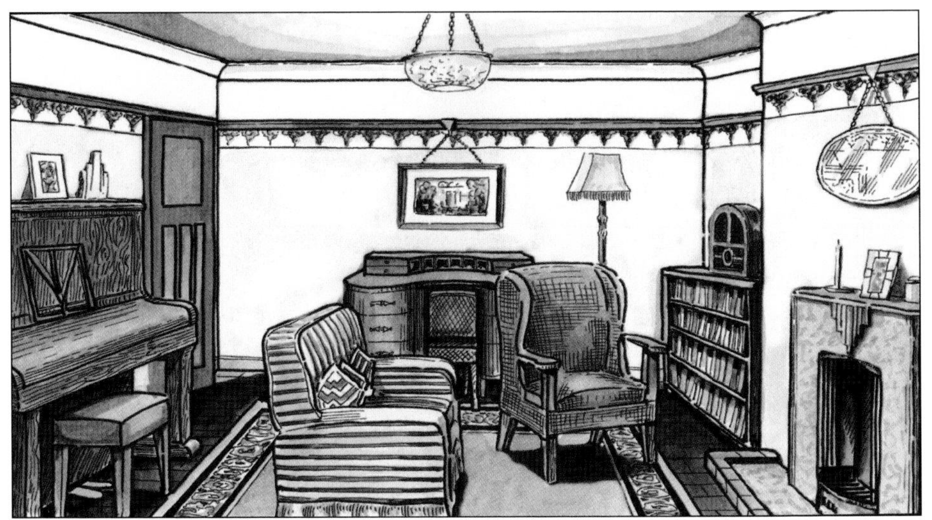

〈그림 8.3〉 1930년대의 거실 : 이 시대의 거실은 대부분 위 그림과 같이 오래된 것과 새것이 섞여 있었다. 예컨대 라디오, 사이드보드, 안락의자, 난로는 아르데코 양식이지만, 카펫과 바닥, 피아노는 전 세대의 양식을 그대로 사용했다.

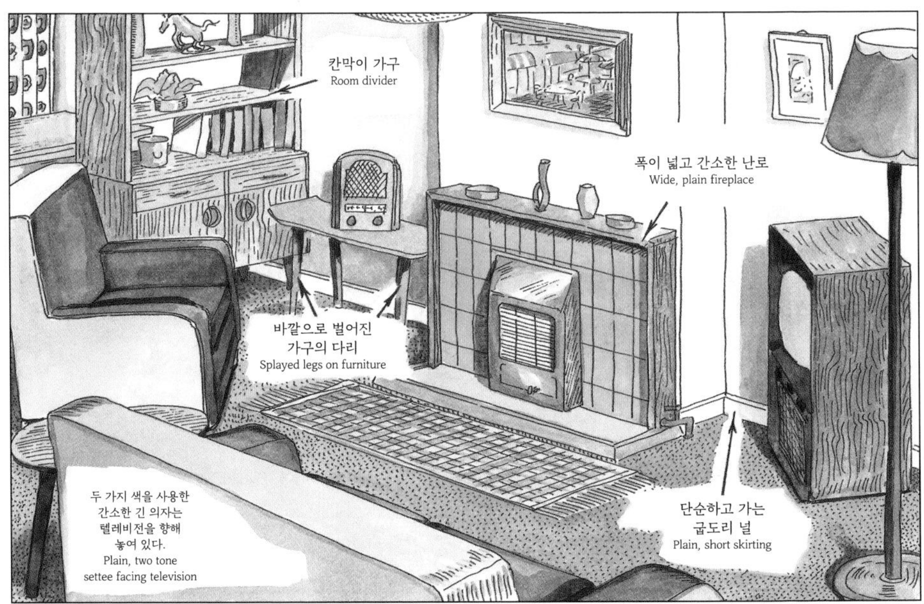

〈그림 8.4〉 1950년대의 거실 : 1950년대의 주택에서는 대개의 경우 공간을 절약하기 위해 응접실과 거실을 하나의 방으로 통합했다. 식사를 하는 공간과 거실로 사용하는 공간은 칸막이 가구(room divider)로 구분했다. 간소한 원색 가구와 석탄을 때는 화격자 대신 가스나 전기를 이용한 난방기구로 바뀌었다. 그리고 텔레비전이 공간의 중심이 되었다.

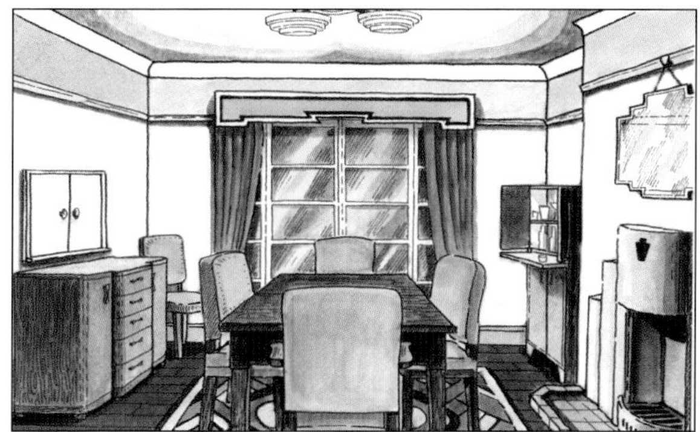

〈그림 8.5〉 1930년대의 식당 : 부유한 사람은 오른쪽 그림과 같은 최신 아르데코 양식 가구로 통일할 수 있었다. 사이드보드, 주류를 진열한 장식장, 카펫, 계단형 프레임의 난로, 거울, 커튼레일 덮개, 조명 등이 그것이다. 주방과 연결된 배식구에 주목. 이것은 1930~70년대에 인기가 있었다.

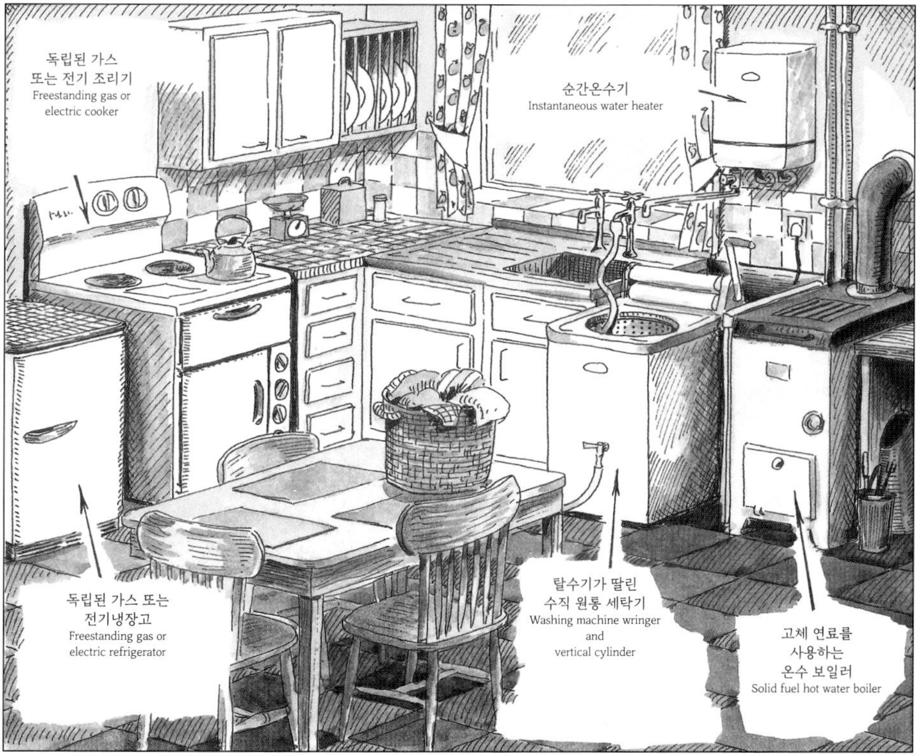

독립된 가스 또는 전기 조리기
Freestanding gas or electric cooker

순간온수기
Instantaneous water heater

독립된 가스 또는 전기냉장고
Freestanding gas or electric refrigerator

탈수기가 딸린 수직 원통 세탁기
Washing machine wringer and vertical cylinder

고체 연료를 사용하는 온수 보일러
Solid fuel hot water boiler

〈그림 8.6〉 1950년대의 주방 : 1920년대부터 주방은 안채에 만들어지게 되었다. 당시의 광고를 보면 치수에 맞게 제작한 붙박이 가구(built-in furniture, 주방의 붙박이 가구는 지금의 시스템키친을 가리킨다-역주)의 이점을 선전했는데, 실제 1950년대에 이런 붙박이 가구를 살 수 있는 가정은 많지 않았을 것이다. 과거의 조리용 레인지는 고체 연료를 사용하는 보일러와 가스 또는 전기 조리기로 나뉘었다. 세탁일(과거에는 일주일에 한 번 정해진 요일에 집에서 나온 온갖 빨래를 한꺼번에 세탁하는 관습이 있었다-역주)의 힘든 노동은 세탁기 덕분에 크게 줄었으며, 냉장고의 인기도 점점 높아졌다. 냉동고는 아직 드물었다. 대부분 매일 장을 보았기 때문이다.

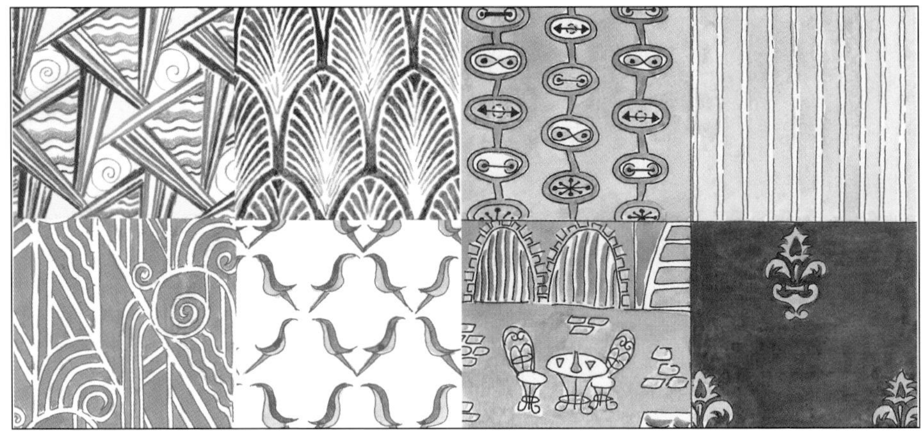

〈그림 8.7〉 벽지 : 1920~30년대의 인테리어는 더욱 대담해졌다. 아르데코 양식의 선명한 기하학 무늬 벽지(왼쪽 끝)나 조금 더 작은 크기의 반복되는 무늬가 그려진 벽지(중앙 왼쪽)를 사용하게 되었다. 색상은 처음 10년은 진홍색, 녹색, 파란색 등이 주로 사용되고, 후기가 되면 더 차분한 갈색, 베이지색, 오렌지색 등이 널리 쓰였다. 제2차 세계대전 이후에는 섭정 시대의 디자인을 복각한 벽지(오른쪽 끝)도 인기가 있었으나, 1950년대 중반에는 밝은 색으로 그린 현대적이고 이국적인 디자인(중앙 오른쪽)이 인기를 끌었다. 색상을 조합한 도료를 손쉽게 구할 수 있게 되면서 벽에 색을 칠하는 것도 차츰 인기를 얻기 시작했다.

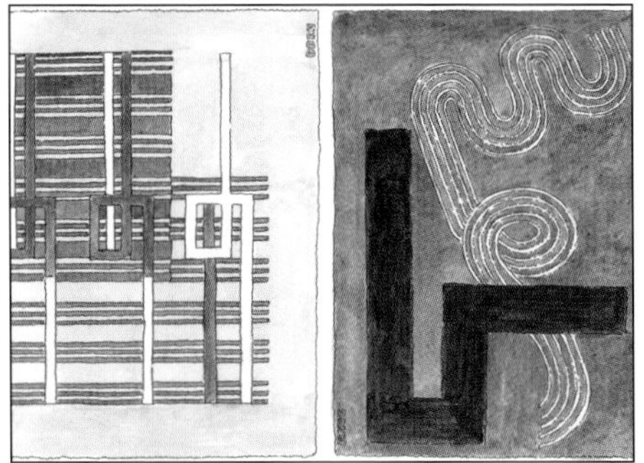

〈그림 8.8〉 바닥 : 카펫과 러그는 이 시기에도 계속해서 널리 사용되었다. 고급 제품 중에는 대담하고 현대적인 문양이 들어간 것도 있었다. 위쪽 그림도 그러한 예 중 하나로, 마리온 돈(Marion Dorn)의 아르데코 양식 디자인이다. 한편으로는 전통적인 디자인의 인기도 꾸준히 이어졌다. 이 시대 말경에는 바닥 전체를 덮는 크기의 카펫이 다시 유행했다. 카펫의 가격이 싸지고 전기 청소기가 널리 보급되었기 때문이다.

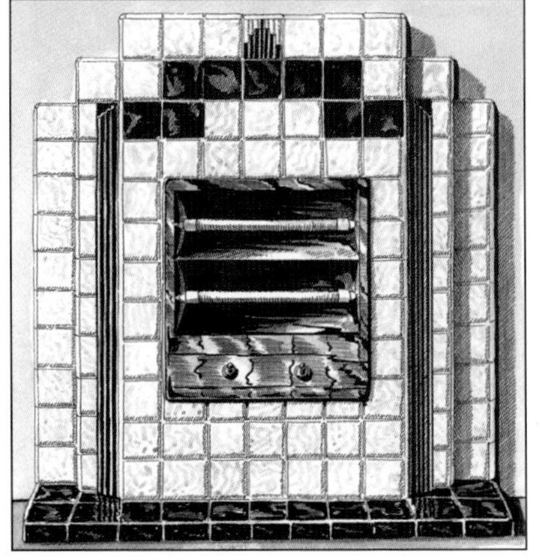

〈그림 8.9〉 난로 프레임 : 1930년대 인테리어의 가장 구분하기 쉬운 특징은 타일을 붙인 난로 프레임이다. 보통 베이지색과 갈색으로 된 계단 모양의 실루엣에 기하학 무늬나 기호를 그려 넣었다. 난로 안에는 타일과 색조를 맞춘 법랑제 화격자나 위의 그림과 같이 크롬 합금으로 만든 막대 모양의 전열장치가 설치되어 있었다.

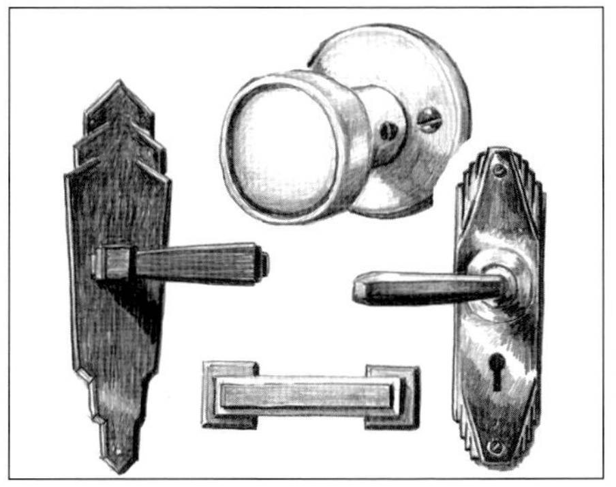

〈그림 8.10〉 문손잡이 : 1930년대 널리 사용되었던 패널 문은 위쪽 3분의 1은 가로로 넓은 패널 1장, 아래쪽에는 세로로 긴 패널 3장을 붙이거나 가로로 긴 패널을 나란히 붙인 것이었다. 1960년대가 되면 장식이 없는 문이 일반적이었다. 이 시기에 핸들형 문손잡이가 유행했다. 위쪽 그림과 같은 아르데코 양식의 노브형 또는 핸들형 문손잡이는 청동이나 크롬 도금 또는 단단한 흰색이나 갈색의 플라스틱으로 만들어졌다.

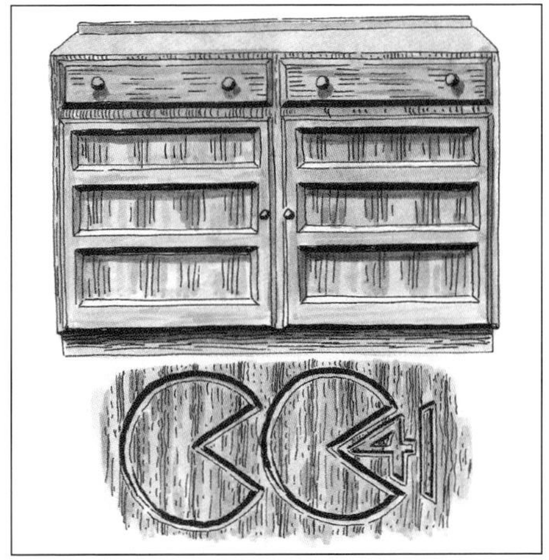

〈그림 8.11〉 통제 가구(utility furniture) : 일반 대중들이 현대적인 인테리어 디자인을 받아들이게 된 이유로, 제2차 세계대전이 종결될 무렵 통제 가구※가 널리 보급된 것을 들 수 있다.

※ 영국에서는 제2차 세계대전으로 물자가 부족해지자 이를 해결하기 위해 일반 시민들이 사용하는 일용품의 품질과 가격을 억제하고 통일한 실용적인 상품이 판매되었다. 이런 통제품을 실용적인(utility) 가구나 의류라고 불렀으며, 여기에는 통제품(Controlled Commodity)의 머리글자인 'CC'와 연호를 도안화한 위쪽 그림의 상무부 인정 마크가 붙었다.

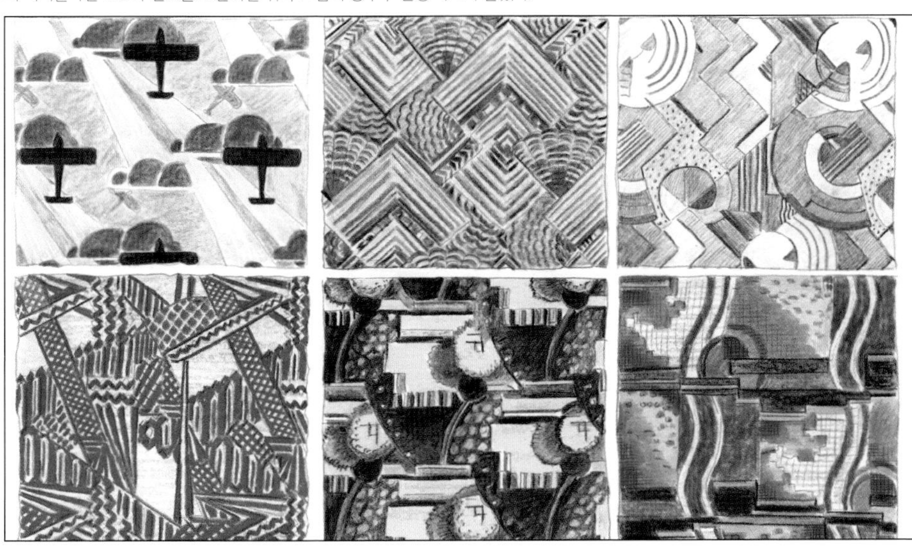

〈그림 8.12〉 직물 디자인 : 화려한 기하학 무늬가 그려진 아르데코 양식의 직물. 큐비즘과 고대 이집트 문화 그리고 기계와 속도에 영향을 받은 일류 디자이너들이 이런 대담한 직물 디자인을 탄생시켰다.

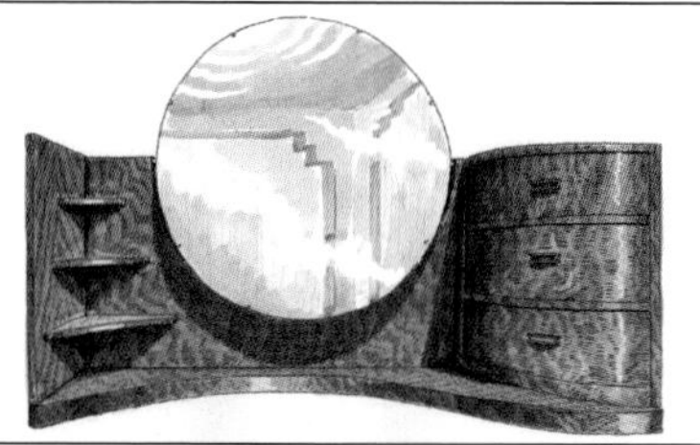

〈그림 8.13〉 침실 : 전 세대보다 침실의 인테리어가 밝아졌다. 금속 프레임의 침대나 벽에 붙인 등받이가 없는 긴 의자(divan) 등이 주로 사용되었다. 중류계급의 가정에서는 제2차 세계대전 이후까지 침실에 2개의 싱글 침대를 두는 경우가 많았다. 1930년대에는 대량 생산된 아르데코 양식의 침실용 가구가 널리 보급되었다. 다른 방에 둘 새 가구보다 침실용 가구 세트를 먼저 구매하는 사람이 많았다. 위쪽 그림의 화장대 선반은 당시의 일류 디자이너 베티 조엘(Betty Joel)의 작품. 집성재(laminated wood, P.86)를 사용해 도형과 곡선이 어우러진 참신한 디자인의 가구를 만들어냈다.

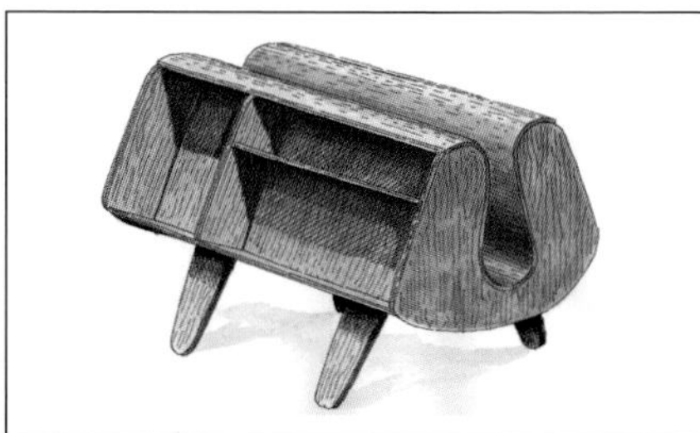

〈그림 8.14〉 서가 : 모더니즘파 디자이너 대부분은 1933년 이후 나치 독일에서 망명했다. 그들은 단순하고 기능적이며 스타일리시한 가구를 만들었다. 당초에는 지나치게 참신한 디자인이라는 평가를 받으며 대중의 인기를 얻지는 못했지만, 전후 디자인에 강력한 영향을 미쳤다. 위쪽 그림의 서가는 잭 프리처드(Jack Pritchard)와 에곤 리스(Egon Riss)의 디자인. 1930년대 프리처드가 경영에 참여했던 이소콘(Isokon)이라는 회사는 집성재와 강철을 사용한 모더니즘 디자인 가구의 창시자로, 독일의 일류 디자이너 발터 그로피우스(Walter Gropius)나 마르셀 브로이어(Marcel Breuer) 등의 가구를 제작했다.

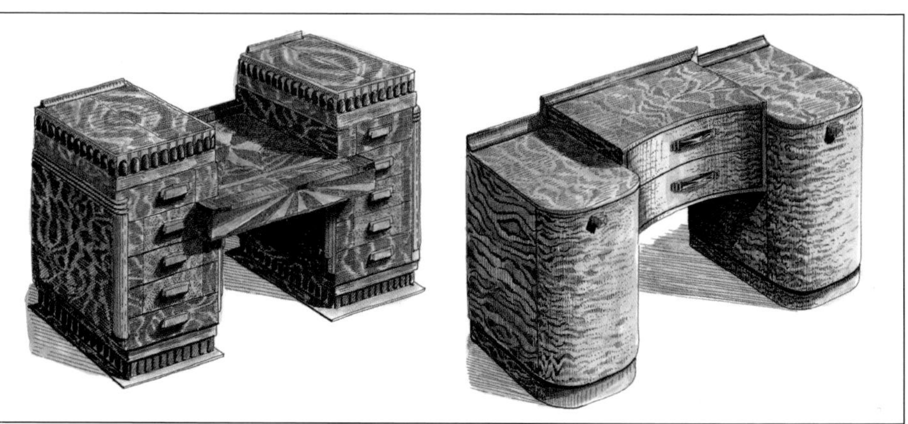

〈그림 8.15〉 아르데코 양식의 사이드보드 : 초기 아르데코 양식의 특징은 가구 표면의 정교한 장식, 뛰어난 상감 세공, 청동색의 세밀한 장식 그리고 호화로운 부속 기구 등이다. 영감의 원천은 고대 이집트나 고전 양식의 구성 방법을 새롭게 재해석하는 것이었다(왼쪽). 하지만 1930년대에는 새로운 소재를 도입해 유선형이나 곡선형으로 만든 장식이 많지 않은 표면과 일부에는 크롬 도금한 부속 기구며 베이클라이트(Bakelite, P.85) 손잡이를 사용한 것 등이 유행했다.

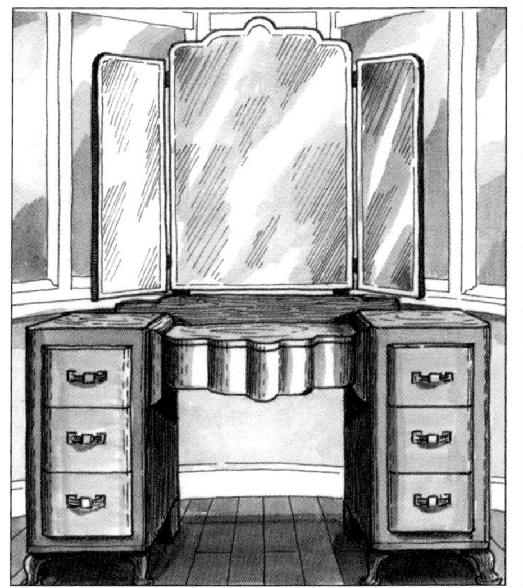

〈그림 8.16〉 아르데코 양식 화장대 : 1930년대 양식의 특징인 삼면거울과 둥근 모서리 그리고 계단 모양의 실루엣을 확인할 수 있다.

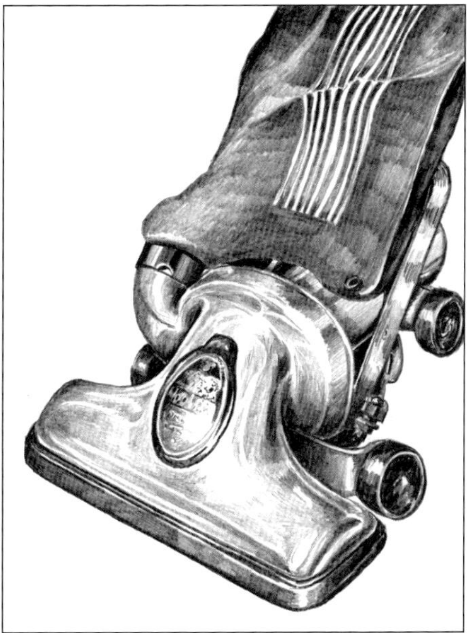

〈그림 8.17〉 진공청소기 : 새로운 소재와 현대적인 디자인은 전기기구에 사용되면서 가정에 받아들여졌다. 위 그림의 '후버(hoover)'와 같은 진공청소기가 등장하면서 러그나 카펫을 밖으로 가지고 나가 털거나 무릎을 꿇고 손으로 일일이 솔질을 하는 등의 고된 노동으로부터 해방된 것이다. 기능적이고 현대적인 디자인의 진공청소기는 강철이나 플라스틱 등의 신소재를 사용해 스타일리시하면서도 유지나 수리가 쉬운 실용성을 갖추었다.

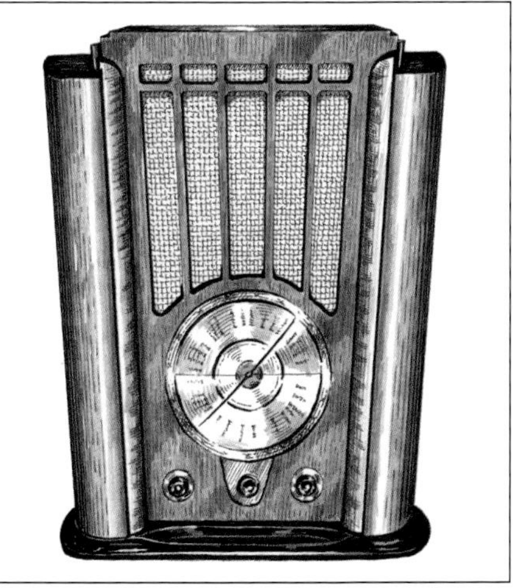

〈그림 8.18〉 라디오 : 지금은 저녁 시간에 텔레비전도 없고 음악도 듣지 못하는 상황은 상상하기조차 어렵다. 전간기에 가정용 라디오가 폭발적으로 보급된 것은 매우 중대한 사건이었다. 이 자극적이고 현대적인 기구에 최신 아르데코 양식 디자인을 채용하는 것은 자연스러운 일이었을 것이다. 위 그림의 경우, 역동감이 느껴지는 세로 선과 둥근 형태가 양식의 특징을 보여준다. 대량 생산품은 대부분 베이클라이트로 만들었다. 광택이 있는 단단한 플라스틱 소재로 목재와 비슷해 틀에 끼워 가공하면 간단히 이런 유행 디자인을 만들어낼 수 있었다.

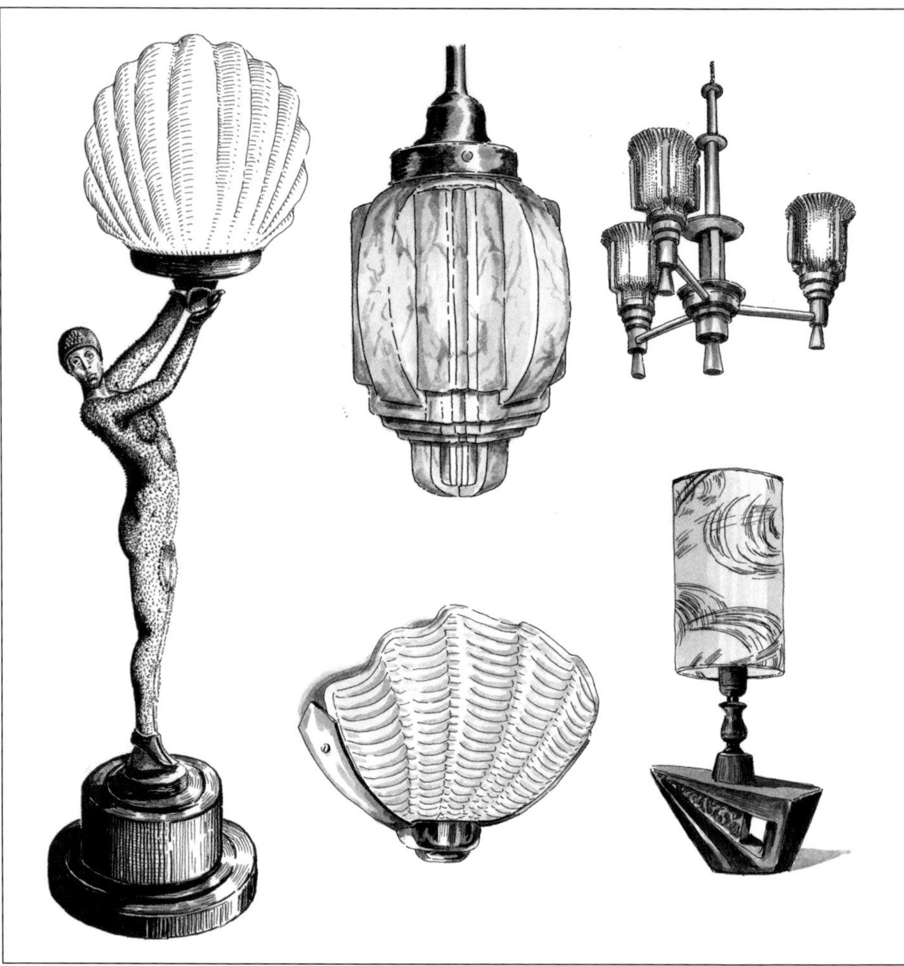

〈그림 8.19〉 전등갓 : 이 시대에 새로 지은 주택에는 전기가 들어왔으며, 주로 조명과 소형 가정용 기구에 이용되었다. 대개의 주택에서는 난방과 온수기에 고체 연료와 가스를 사용했는데, 당시의 최신식 플랫(flat, 한 채의 건물에 독립된 세대의 여러 주택이 모여 있는 구조의 주택-역주)에서는 벽에 설치된 난방기구가 열을 얻는 유일한 방법인 경우도 있었다. 아르데코 양식의 조명기구는 인기가 높았다. 대리석을 모방한 유리 볼 형태의 커버(그림 8.3)나 셰이드(중앙 상단) 그리고 조개껍데기 모양의 벽등(중앙 하단) 등은 1930년대의 특징이 되었다. 청동색으로 계단 형태로 만든 본체 부품과 장식적인 투명 유리 셰이드가 달린 조명(오른쪽 상단)이나 여성상과 같이 이국적인 정서가 느껴지는 플로어 스탠드(왼쪽)도 인기가 있었다. 1950년대에는 오른쪽 아래 그림 같은 모던한 램프에서 볼 수 있듯 직선이나 뚜렷한 색상이 유행했다. 붓으로 거칠게 그린 문양은 벽지, 직물, 위쪽 그림과 같은 전등갓에도 많이 쓰였다. 이런 디자인은 유럽의 생활이나 지중해 양식이 유행하기 시작한 것에서 영감을 얻었다.

용어집

Anaglypta 아나글립타	돌출 무늬 벽지. 그리스어로 '도드라진 장식'이라는 의미.
acanthus 아칸서스	잎이 무성한 식물로, 고전 양식에 널리 쓰이는 장식.
anthemion 인동무늬	인동덩굴(honeysuckle)의 잎과 꽃 디자인.
architrave/ casing 아키트레이브/ 문틀	문이나 창을 둘러싼 나무나 돌로 만든 몰딩 장식.
Bakelite 베이클라이트	모조 목재를 만드는 단단한 합성수지로, 발명자 L. H. 베이클랜드의 이름을 따서 지어졌다.
balusters 난간동자	난간을 구성하는 각각의 지주. 예컨대 계단 난간을 지지하는 목선반 가공한 기둥 등을 가리킨다.
Baroque 바로크 양식	거대한 스케일과 입체적이고 풍성한 장식이 특징인 고전 양식.
brocatelle 브로커텔	다른 종류의 실을 엮은, 무늬가 도드라진 직물.
barytides 인물 반신상	사람의 상반신을 본뜬 조각상.
chintz 친츠	무늬가 날염된 광택이 나는 직물.
Classical order 고전 양식의 기둥 배치(orders)	고전주의 건축 양식으로, 원기둥과 그 위의 엔타블레처(수평 부분) 형태에 따라 쉽게 구분할 수 있다.
Chinoiserie 시누아즈리(중국풍)	중국의 영향을 받은 디자인을 가리키는 프랑스어.
concave 오목한	곡선을 그리며 안쪽으로 오목하게 들어간 표면.
convex 볼록한	곡선을 그리며 바깥쪽으로 볼록하게 돌출된 표면.
cornice 코니스	벽의 가장 윗부분에 두르는 몰딩으로, 단순한 것도 있고 장식적 요소가 들어간 디자인도 있다.
cretonne 크레톤	가구 커버나 커튼에 사용하는 두꺼운 면직물로 꽃무늬가 많다.
damask 다마스크	본래 다마스쿠스에서 생산된 실크 직물을 가리키는 말이었으나 현재는 평면적으로 디자인된 덩굴무늬 장식의 패턴 전반을 뜻한다.
egg and dart 난촉 장식	달걀과 화살촉 모양이 연속적으로 엇갈려 있는 장식 몰딩.
faux 모조의	모조품(imitation)을 뜻하는 프랑스어.
fielded panel 돋움 양판	중앙부가 도드라진 패널. 모서리는 다듬거나 직각으로 되어 있다.
fleur de lys 백합 문장	양식화된 아이리스 꽃 디자인.

figured curl 피규어드 컬	물결치는 나뭇결무늬가 들어간 목재.
fluted 홈 가공을 한	원기둥이나 붙임기둥 표면에 세로 방향으로 가늘고 둥근 홈을 파는 것.
fretwork 뇌문 세공	격자 모양의 기하학 무늬가 띠나 패널 형태로 이어져 있는 장식.
frieze 프리즈	벽의 가장 위쪽이나 패널 위에 붙이는 폭이 넓은 장식 띠.
herringbone 헤링본	짧은 장방형 모양을 대각선으로 여러 개 짜 맞춘 무늬. 벽돌을 쌓거나 석조 세공 또는 나무쪽 세공을 한 바닥 등에 사용되었다.
laminated wood/ plywood 집성재/ 합판	얇은 나무 널을 나뭇결 방향이 반대가 되도록 붙여 단단하고 안정적인 소재로 만든 것. 가구에 사용된다 (집성재는 목재를 길이, 너비, 두께 방향으로 연결한 것, 합판은 얇은 판자를 층층이 합친 것을 가리킨다-역주).
linoleum 리놀륨	아마유에 코르크 또는 나무 분말과 그 밖의 재료를 섞은 후 캔버스 직물에 발라서 만든 바닥재.
Lincrusta 린크러스터	입체적인 도안을 찍어낸 두꺼운 장식 벽지.
marquetry 상감 세공	가구 표면에 다른 색 목재를 짜 맞춰 만든 문양.
Modernism 현대주의(모더니즘)	건축 분야에서 진부한 양식에 대한 반발로 탄생한 양식. 20세기 초부터 장식에 사용되었다. 단순한 형태와 구조를 장식에 이용하는 것이 특징이다.
moire 무아레	실크의 광택과 나뭇결과 같은 무늬가 있는 직물이나 벽지.
moulding 몰딩	나무나 회반죽을 긴 막대 모양으로 만든 장식 띠. 단면이 일정하며 요철, 대각선 등의 요소로 이루어진다 (천장과 벽의 경계를 덮기 위해 이용하기도 한다-역주).
muslin 모슬린	성기게 짠 면직물.
newel post 엄지기둥	계단의 난간이 끝나는 지점에 세운 기둥. 주두에 장식(finial)을 하는 일도 많다.
palmette 팔메트	종려 잎을 양식화한 디자인.
parquet 나무쪽 세공 바닥	나무쪽을 짜 맞춰 기하학 무늬를 만든 바닥 디자인. 짧은 장방형 모양을 짜 맞춘 헤링본 무늬(그림 7.18)가 많다.
paterae 파테라	로마 시대에 음료를 담았던 얕고 둥근 접시.
Renaissance 르네상스	고대 그리스와 로마의 고전 문화를 바탕으로 예술, 문학, 교육의 부흥을 지향한 운동. 14세기 유럽에서 시작되었다. 영국에서는 16세기까지 그다지 큰 영향력을 발휘하지 못했다.
rep 렙	울이나 면 소재의, 가로 줄무늬가 있는 직물로 의자나 소파 커버로 사용되었다.
Rococo 로코코 양식	18세기 중반에 유행한 화려한 양식. 소용돌이나 두루마리 장식, 조개껍데기 등의 디자인을 회반죽 세공이나 목조 세공 그리고 가구에 널리 사용했으며, 흰색과 금색으로 칠하는 일도 많았다.
scroll 두루마리 장식	종이 가장자리가 말려 있는 모습이나 두루마리를 표현한 장식 모티브.
size 사이즈	점착성 혼합물로, 벽에 회반죽을 바를 때 사용하며 장식을 성형하는 것도 가능하다.
strapwork 가죽 띠 장식	납작한 가죽 띠와 같은 장식 선으로, 마름모꼴이나 그 밖의 기하학 무늬를 그려 넣은 장식 띠. 패널이나 그 밖의 목조 세공 디자인으로 16세기 말부터 17세기 초에 인기가 있었다.
stucco 스투코	회반죽 도장의 총칭. 18세기 말부터 19세기 초에 걸쳐 서툰 건축 기술을 가리기 위해 사용되면서 평판이 좋지 않았다.

swag 화환 장식	천이나 꽃을 엮은 줄을 양쪽에 고정해 늘어뜨린 장식 디자인.
trompel'oeil 트롱프뢰유	천장이나 벽에 그린 그림으로 보는 사람의 착각을 불러일으키는 효과를 노린 것. '눈속임'을 뜻하는 프랑스어.
turned 목선반 가공	나무의 단면을 둥글게 깎아내는 가공 방식.

참고하면 좋을 웹사이트

인터넷에는 주택 인테리어에 관한 더 깊고 자세한 정보를 제공하는 사이트가 많다. 이 책에서 정확히 전달하기 어려운 정보 중 하나로, 당시 사용할 수 있었던 색상의 폭이 있다. 아래의 웹사이트에서 색상 샘플이나 벽지 또는 특정 시대에 어울리는 색상 등의 정보를 확인할 수 있다.

http://www.wallpaperhistorysociety.org.uk/

http://www.papers-paints.co.uk/

http://www.littlegreene.eu/paint/colour/period-paint-colours

http://www.bricksandbrass.co.uk/

http://www.terracedhouses.co.uk/index5-paint.html

http://www.victoriansociety.org.uk/

http://patrickbaty.co.uk/

빅토리아·앨버트 박물관은 대형 가구부터 직물, 벽지 샘플까지 대량의 컬렉션을 온라인으로 공개하고 있다. 아래의 웹사이트에서 확인할 수 있다.

http://collections.vam.ac.uk/

연표

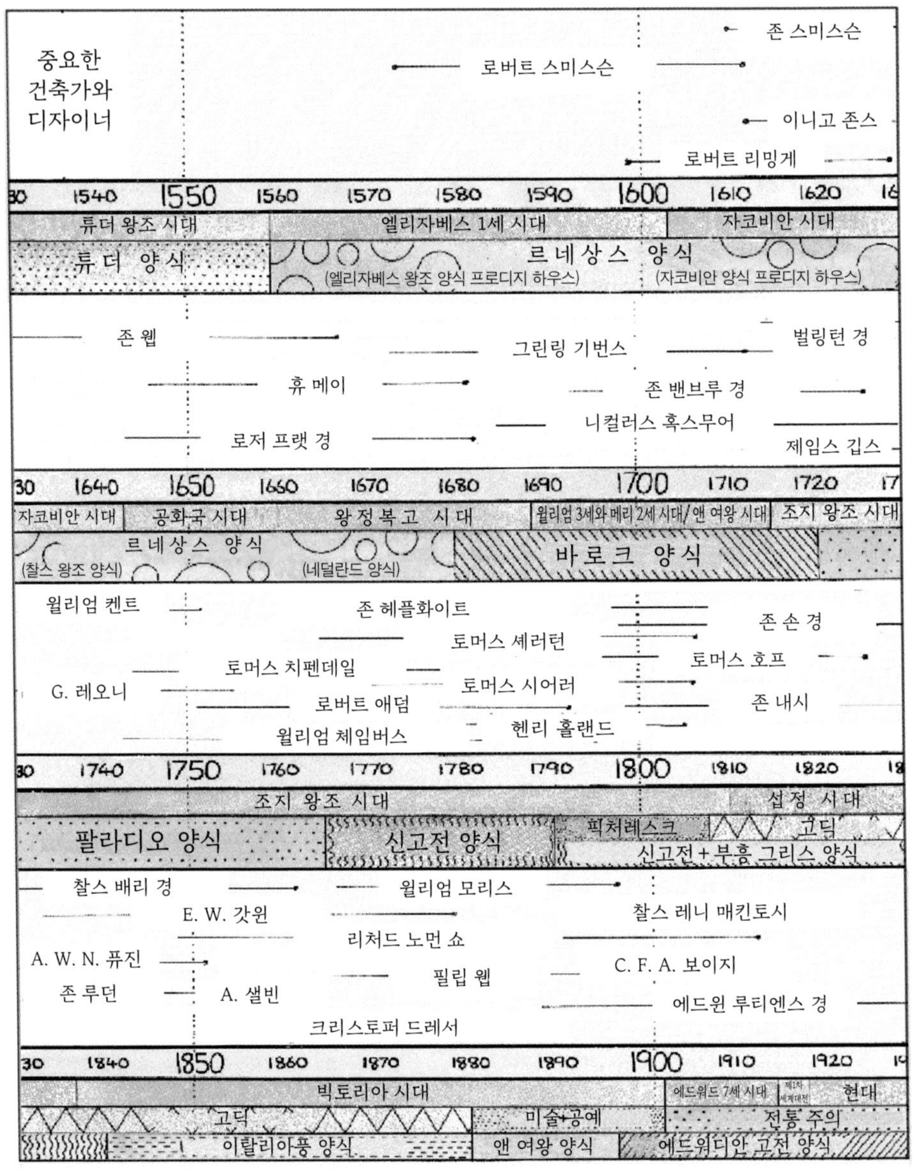

중요한 건축가와 디자이너
존 스미스슨
로버트 스미스슨
이니고 존스
로버트 리밍게
1540 1550 1560 1570 1580 1590 1600 1610 1620
튜더 왕조 시대
엘리자베스 1세 시대
자코비안 시대
튜더 양식
르네상스 양식
(엘리자베스 왕조 양식 프로디지 하우스)
(자코비안 양식 프로디지 하우스)
존 웹
그린링 기번스
벌링턴 경
휴 메이
존 밴브루 경
니컬러스 혹스무어
로저 프랫 경
제임스 깁스
1640 1650 1660 1670 1680 1690 1700 1710 1720
자코비안 시대
공화국 시대
왕정복고 시대
윌리엄 3세와 메리 2세 시대/앤 여왕 시대
조지 왕조 시대
르네상스 양식
(찰스 왕조 양식)
(네덜란드 양식)
바로크 양식
윌리엄 켄트
존 헤플화이트
존 손 경
토머스 셰러턴
토머스 호프
토머스 치펜데일
G. 레오니
토머스 시어러
로버트 애덤
존 내시
헨리 홀랜드
윌리엄 체임버스
1740 1750 1760 1770 1780 1790 1800 1810 1820
조지 왕조 시대
섭정 시대
팔라디오 양식
신고전 양식
픽처레스크
고딕
신고전+부흥 그리스 양식
찰스 배리 경
윌리엄 모리스
E. W. 갓윈
찰스 레니 매킨토시
리처드 노먼 쇼
A. W. N. 퓨진
C. F. A. 보이지
필립 웹
존 루던
A. 샐빈
에드윈 루티엔스 경
크리스토퍼 드레서
1840 1850 1860 1870 1880 1890 1900 1910 1920
빅토리아 시대
에드워드 7세 시대
제1차 세계대전
현대
고딕
미술+공예
전통 주의
이탈리아풍 양식
앤 여왕 양식
에드워디안 고전 양식

색인
(가나다 순)

영국 인테리어의 역사

초판 1쇄 인쇄 2022년 10월 10일
초판 1쇄 발행 2022년 10월 15일

저자 : 트레버 요크
번역 : 김효진

펴낸이 : 이동섭
편집 : 이민규, 탁승규
디자인 : 조세연
영업 · 마케팅 : 송정환, 조정훈
e-BOOK : 홍인표, 서찬웅, 최정수, 김은혜, 이홍비, 김영은
관리 : 이윤미

㈜에이케이커뮤니케이션즈
등록 1996년 7월 9일(제302-1996-00026호)
주소 : 04002 서울 마포구 동교로 17안길 28, 2층
TEL : 02-702-7963~5 FAX : 02-702-7988
http://www.amusementkorea.co.kr

ISBN 979-11-274-5626-9 03600

창작을 위한 아이디어 자료

AK 트리비아 시리즈

-AK TRIVIA BOOK

No. 01 **도해 근접무기**
검, 도끼, 창, 곤봉, 활 등 냉병기에 대한 개설

No. 02 **도해 크툴루 신화**
우주적 공포인 크툴루 신화의 과거와 현재

No. 03 **도해 메이드**
영국 빅토리아 시대에 실존했던 메이드의 삶

No. 04 **도해 연금술**
'진리'를 위해 모든 것을 바친 이들의 기록

No. 05 **도해 핸드웨폰**
권총, 기관총, 머신건 등 개인 화기의 모든 것

No. 06 **도해 전국무장**
무장들의 활약상, 전국시대의 일상과 생활

No. 07 **도해 전투기**
인류의 전쟁사를 바꾸어놓은 전투기를 상세 소개

No. 08 **도해 특수경찰**
실제 SWAT 교관 출신의 저자가 소개하는 특수경찰

No. 09 **도해 전차**
지상전의 지배자이자 절대 강자 전차의 힘과 전술

No. 10 **도해 헤비암즈**
무반동총, 대전차 로켓 등의 압도적인 화력

No. 11 **도해 밀리터리 아이템**
군대에서 쓰이는 군장 용품을 완벽 해설

No. 12 **도해 악마학**
악마학의 발전 과정을 한눈에 알아볼 수 있도록 구성

No. 13 **도해 북유럽 신화**
북유럽 신화 세계관의 탄생부터 라그나로크까지

No. 14 **도해 군함**
20세기 전함부터 항모, 전략 원잠까지 해설

No. 15 **도해 제3제국**
아돌프 히틀러 통치하의 독일 제3제국 개론서

No. 16 **도해 근대마술**
마술의 종류와 개념, 마술사, 단체 등 심층 해설

No. 17 **도해 우주선**
우주선의 태동부터 발사, 비행 원리 등의 발전 과정

No. 18 **도해 고대병기**
고대병기 탄생 배경과 활약상, 계보, 작동 원리 해설

No. 19 **도해 UFO**
세계를 떠들썩하게 만든 UFO 사건 및 지식

No. 20 **도해 식문화의 역사**
중세 유럽을 중심으로, 음식문화의 변화를 설명

No. 21 **도해 문장**
역사와 문화의 시대적 상징물, 문장의 발전 과정

No. 22 **도해 게임이론**
알기 쉽고 현실에 적용할 수 있는 게임이론 입문서

No. 23 **도해 단위의 사전**
세계를 바라보고, 규정하는 기준이 되는 단위

No. 24 **도해 켈트 신화**
켈트 신화의 세계관 및 전설의 주요 등장인물 소개

No. 25 도해 항공모함
군사력의 상징이자 군사기술의 결정체, 항공모함

No. 26 도해 위스키
위스키의 맛을 한층 돋워주는 필수 지식이 가득

No. 27 도해 특수부대
전장의 스페셜리스트 특수부대의 모든 것

No. 28 도해 서양화
시대를 넘어 사랑받는 명작 84점을 해설

No. 29 도해 갑자기 그림을 잘 그리게 되는 법
멋진 일러스트를 위한 투시도와 원근법 초간단 스킬

No. 30 도해 사케
사케의 맛을 한층 더 즐길 수 있는 모든 지식

No. 31 도해 흑마술
역사 속에 실존했던 흑마술을 총망라

No. 32 도해 현대 지상전
현대 지상전의 최첨단 장비와 전략, 전술

No. 33 도해 건파이트
영화 등에서 볼 수 있는 건 액션의 핵심 지식

No. 34 도해 마술의 역사
마술의 발생시기와 장소, 변모 등 역사와 개요

No. 35 도해 군용 차량
맡은 임무에 맞추어 고안된 군용 차량의 세계

No. 36 도해 첩보·정찰 장비
승리의 열쇠 정보! 첩보원들의 특수장비 설명

No. 37 도해 세계의 잠수함
바다를 지배하는 침묵의 자객, 잠수함을 철저 해부

No. 38 도해 무녀
한국의 무당을 비롯한 세계의 샤머니즘과 각종 종교

No. 39 도해 세계의 미사일 로켓 병기
ICBM과 THAAD까지 미사일의 모든 것을 해설

No. 40 독과 약의 세계사
독과 약의 역사, 그리고 우리 생활과의 관계

No. 41 영국 메이드의 일상
빅토리아 시대의 아이콘 메이드의 일과 생활

No. 42 영국 집사의 일상
집사로 대표되는 남성 상급 사용인의 모든 것

No. 43 중세 유럽의 생활
중세의 신분 중 「일하는 자」의 일상생활

No. 44 세계의 군복
형태와 기능미가 절묘하게 융합된 군복의 매력

No. 45 세계의 보병장비
군에 있어 가장 기본이 되는 보병이 지닌 장비

No. 46 해적의 세계사
다양한 해적들이 세계사에 남긴 발자취

No. 47 닌자의 세계
온갖 지혜를 짜낸 닌자의 궁극의 도구와 인술

No. 48 스나이퍼
스나이퍼의 다양한 장비와 고도의 테크닉

No. 49 중세 유럽의 문화
중세 세계관을 이루는 요소들과 실제 생활

No. 50 기사의 세계
기사의 탄생에서 몰락까지, 파헤치는 역사의 드라마

No. 51 영국 사교계 가이드
빅토리아 시대 중류 여성들의 사교 생활

No. 52 중세 유럽의 성채 도시
궁극적인 기능미의 집약체였던 성채 도시

No. 53 마도서의 세계
천사와 악마의 영혼을 소환하는 마도서의 비밀

No. 54 영국의 주택
영국 지역에 따른 각종 주택 스타일을 상세 설명

No. 55 발효
미세한 거인들의 경이로운 세계

No. 56 중세 유럽의 레시피
중세 요리에 대한 풍부한 지식과 요리법

No. 57 알기 쉬운 인도 신화
강렬한 개성이 충돌하는 무아와 혼돈의 이야기

No. 58 방어구의 역사
방어구의 역사적 변천과 특색 · 재질 · 기능을 망라

No. 59 마녀 사냥
르네상스 시대에 휘몰아친 '마녀사냥'의 광풍

No. 60 노예선의 세계사
400년 남짓 대서양에서 자행된 노예무역

No. 61 말의 세계사
역사로 보는 인간과 말의 관계

No. 62 달은 대단하다
우주를 향한 인류의 대항해 시대

No. 63 바다의 패권 400년사
17세기에 시작된 해양 패권 다툼의 역사

No. 64 영국 빅토리아 시대의 라이프 스타일
영국 빅토리아 시대 중산계급 여성들의 생활

No. 65 영국 귀족의 영애
영애가 누렸던 화려한 일상과 그 이면의 현실

No. 66 쾌락주의 철학
쾌락주의적 삶을 향한 고찰과 실천

No. 67 에로만화 스터디즈
에로만화의 역사와 주요 장르를 망라

No. 68 영국 인테리어의 역사
500년에 걸친 영국 인테리어 스타일

-AK TRIVIA SPECIAL

환상 네이밍 사전
의미 있는 네이밍을 위한 1만3,000개 이상의 단어

중2병 대사전
중2병의 의미와 기원 등, 102개의 항목 해설

크툴루 신화 대사전
대중 문화 속에 자리 잡은 크툴루 신화의 다양한 요소

문양박물관
세계 각지의 아름다운 문양과 장식의 정수

고대 로마군 무기·방어구·전술 대전
위대한 정복자, 고대 로마군의 모든 것

도감 무기 갑옷 투구
무기의 기원과 발전을 파헤친 궁극의 군장도감

중세 유럽의 무술, 속 중세 유럽의 무술
중세 유럽~르네상스 시대에 활약했던 검술과 격투술

최신 군용 총기 사전
세계 각국의 현용 군용 총기를 총망라

초패미컴, 초초패미컴
100여 개의 작품에 대한 리뷰를 담은 영구 소장판

초쿠소게 1,2
망작 게임들의 숨겨진 매력을 재조명

초에로게, 초에로게 하드코어
엄격한 심사(?!)를 통해 선정된 '명작 에로게'

세계의 전투식량을 먹어보다
전투식량에 관련된 궁금증을 한 권으로 해결

세계장식도 1, 2
공예 미술계 불후의 명작을 농축한 한 권

서양 건축의 역사
서양 건축의 다양한 양식들을 알기 쉽게 해설

세계의 건축
세밀한 선화로 표현한 고품격 건축 일러스트 자료집

지중해가 낳은 천재 건축가 -안토니오 가우디
천재 건축가 가우디의 인생, 그리고 작품

민족의상 1,2
시대가 흘렀음에도 화려하고 기품 있는 색감

중세 유럽의 복장
특색과 문화가 담긴 고품격 유럽 민족의상 자료집

그림과 사진으로 풀어보는 이상한 나라의 앨리스
매혹적인 원더랜드의 논리를 완전 해설

그림과 사진으로 풀어보는 알프스 소녀 하이디
하이디를 통해 살펴보는 19세기 유럽사

영국 귀족의 생활
화려함과 고상함의 이면에 자리 잡은 책임과 무게

요리 도감
부모가 자식에게 조곤조곤 알려주는 요리 조언집

사육 재배 도감
동물과 식물을 스스로 키워보기 위한 알찬 조언

식물은 대단하다
우리 주변의 식물들이 지닌 놀라운 힘

그림과 사진으로 풀어보는 마녀의 약초상자
「약초」라는 키워드로 마녀의 비밀을 추적

초콜릿 세계사
신비의 약이 연인 사이의 선물로 자리 잡기까지

초콜릿어 사전
사랑스러운 일러스트로 보는 초콜릿의 매력

판타지세계 용어사전
세계 각국의 신화, 전설, 역사 속의 용어들을 해설

세계사 만물사전
역사를 장식한 각종 사물 약 3,000점의 유래와 역사

고대 격투기
고대 지중해 세계 격투기와 무기 전투술 총망라

에로 만화 표현사
에로 만화에 학문적으로 접근하여 자세히 분석

크툴루 신화 대사전
러브크래프트의 문학 세계와 문화사적 배경 망라

아리스가와 아리스의 밀실 대도감
신기한 밀실의 세계로 초대하는 41개의 밀실 트릭

연표로 보는 과학사 400년
연표로 알아보는 파란만장한 과학사 여행 가이드

제2차 세계대전 독일 전차
풍부한 일러스트로 살펴보는 독일 전차

구로사와 아키라 자서전 비슷한 것
영화감독 구로사와 아키라의 반생을 회고한 자서전

유감스러운 병기 도감
69종의 진기한 병기들의 깜짝 에피소드

유해초수
오리지널 세계관의 몬스터 일러스트 수록

요괴 대도감
미즈키 시게루가 그려낸 걸작 요괴 작품집

과학실험 이과 대사전
다양한 분야를 아우르는 궁극의 지식탐험!

과학실험 공작 사전
공작이 지닌 궁극의 가능성과 재미!

크툴루 님이 엄청 대충 가르쳐주시는 크툴루 신화 용어사전
크툴루 신화 신들의 귀여운 일러스트가 한가득

고대 로마 군단의 장비와 전술
로마를 세계의 수도로 끌어올린 원동력

제2차 세계대전 군장 도감
각 병종에 따른 군장들을 상세하게 소개

음양사 해부도감
과학자이자 주술사였던 음양사의 진정한 모습

미즈키 시게루의 라바울 전기
미즈키 시게루의 귀중한 라바울 전투 체험담

산괴 1
산에 얽힌 불가사의하고 근원적인 두려움

초 슈퍼 패미컴
역사에 남는 게임들의 발자취와 추억